高等职业教育新形态系列教材

# MES 应用与实践

## 活页式教材

主　编：孙志平　郭志飞
副主编：张晓阳　刘　丹
参　编：景娟红
主　审：张　勇

北京理工大学出版社
BEIJING INSTITUTE OF TECHNOLOGY PRESS

## 内 容 简 介

本书面向智能制造工业互联网背景下的制造执行系统（MES）应用、维护和技术支持岗位的人才培养需求，以南京简睿捷软件开发有限公司开发的 MES 系统为平台，基于企业实际项目组织教学单元，按照生产管理、物料管理、质量管理和设备管理四大制造运行管理范畴的活动顺序展开理论知识讲解和 MES 软件功能实践，内容新颖、结构合理、理实互补，旨在教授制造过程信息化管理技能知识和 MES 软件应用维护的能力，为国家制造业智能化发展提供 MES 专业技术技能型人才。

本书由长期从事一线教学的教师和企业骨干技术人员，校企合作共同编写，可作为应用型本科、高等职业院校机械制造及自动化、电气自动化技术、智能控制技术、工业机器人技术、工业工程技术及软件技术等专业的教材，也可以作为中等专科学校、职工大学和成人教育相关专业的教材及工程技术人员的参考书。

**版权专有　侵权必究**

**图书在版编目（CIP）数据**

MES 应用与实践 / 孙志平，郭志飞主编 . -- 北京：
北京理工大学出版社，2021.9
　ISBN 978-7-5763-0292-9

Ⅰ．①M… Ⅱ．①孙… ②郭… Ⅲ．①制造工业 - 工业企业管理 - 计算机管理系统 Ⅳ．① F407.406.14

中国版本图书馆 CIP 数据核字 (2021) 第 181388 号

出版发行 / 北京理工大学出版社有限责任公司

社　　址 / 北京市海淀区中关村南大街 5 号

邮　　编 / 100081

电　　话 /（010）68914775（总编室）
　　　　　（010）82562903（教材售后服务热线）
　　　　　（010）68944723（其他图书服务热线）

网　　址 / http://www.bitpress.com.cn

经　　销 / 全国各地新华书店

印　　刷 / 河北盛世彩捷印刷有限公司

开　　本 / 787 毫米 ×1092 毫米　1 / 16

印　　张 / 18.75　　　　　　　　　　　　　　　责任编辑 / 武君丽

字　　数 / 308 千字　　　　　　　　　　　　　　文案编辑 / 武君丽

版　　次 / 2021 年 9 月第 1 版　2021 年 9 月第 1 次印刷　　责任校对 / 周瑞红

定　　价 / 55.00 元　　　　　　　　　　　　　　责任印制 / 李志强

图书出现印装质量问题，请拨打售后服务热线，本社负责调换

# 前　言

当前，智能制造是我国实现制造业高质量发展的主要抓手，是推动制造业转型升级的核心路径，是加快建设制造强国的主攻方向。随之而来，国内一批提供智能制造产品、解决方案与服务的厂商也逐渐发展壮大，成为推进智能制造的重要力量。MES（制造执行系统）系统被称为智能制造的"最后一公里"工程，提供针对企业生产运营的统一管理和执行平台，实现从订单下达到产品完成的生产全流程的优化管理。MES 系统可实时展现企业的生产动态数据，形成一目了然的趋势报表，通过对生产过程数据持续采集、存储、分析，为提高企业生产经营效率、降低生产要素成本提供有力的数据支撑。

本书旨在培养学生 MES 的应用技能，以 MES 的数字化车间运行管理能力为主、产教融合，与南京简睿捷软件开发有限公司合作开发教材，结合简睿捷智能制造系统在流程型制造和离散型制造的典型应用案例，以企业实际项目组织教学单元，按照生产管理、物料管理、质量管理和设备管理四大制造运行管理范畴的活动顺序展开理论知识讲解和 MES 软件功能实践。以专业能力图谱为依据，以活页式/工作手册式教材为载体，汇集行业专家、一线优秀教师、高水平技术人员指导开发课程，将数字资源与教材内容有机融合所构建的一种新形态、多维、立体、可视化的教材。

在机电类专业人才的培养中，"MES 应用与实践"是一门很重要的专业及专业拓展课。本书是为了落实《国家职业教育改革实施方案》，为了满足对智能制造和工业互联网领域对技能型人才的迫切需要，遵循企业系统与控制系统集成国际标准（ISA-95），以企业实际项目组织教学单元，按照生产管理、物料管理、质量管理和设备管理四大制造运行管理范畴的活动顺序展开理论知识讲解和 MES 软件功能实践。

全书共分为 8 个项目，主要内容包括：认识智能制造和 MES、基础数据管理、生产计划及过程管理、车间物流管理、质量管理、设备管理、报表管理及数据采集管理，本书不仅介绍了 MES 系统的体系结构、功能构建等知识，还介绍了基于 MES 数字化车间的生产运行管理方法；提供新颖、宽泛的产业认知，包括智能制造技术、工业互联网技术、设备故障智能诊断等新兴产业的热门技术；每个学习项目均提供合理的实践实训内容，巩固理论知识，提升 MES 软件应用技能；每个学习项目配备实验指导书、电子课件和 MES 软件视频教程等教学资源，可以通过扫描书中二维码获得。

本书由河北机电职业技术学院孙志平、郭志飞担任主编；河北机电职业技术学院张晓阳、机械工业仪器仪表综合技术经济研究所刘丹担任副主编；河北机电职业技术学院景娟红参与了本书的编写。项目 1 由景娟红编写，项目 3、4、5 由郭志飞编写，项目 2、6、8 由张晓阳编写，项目 7 由刘丹编写；全书由孙志平统稿和定稿；河北机电职业技术学院张勇担任主审，审阅全书。在本书编写和教学资源开发过程中，得到了南京简睿捷软件开发有限公司姜贺天和机械工业仪器仪表综合技术经济研究所刘丹提供的企业案例素材及技术支持，在此表示衷心感谢！

由于编者水平有限，编写时间紧迫，书中难免存在不妥之处，恳请各兄弟学校的专家和同行批评指正。

编 者

# 目　录

**项目 1　认识智能制造和 MES** ……………………………………… 1
　学习情景 1：智能制造的规划及标准 ………………………………… 3
　学习情景 2：MES 的应用意义及功能构架 …………………………… 9
　学习情景 3：Jridge-MES 产品认知 …………………………………… 17
　学习情景 4：MES 在制造企业车间的应用 …………………………… 27

**项目 2　基础数据管理** ………………………………………………… 35
　学习情景 1：工厂建模 ………………………………………………… 37
　学习情景 2：人员管理 ………………………………………………… 51
　学习情景 3：工艺管理 ………………………………………………… 67

**项目 3　生产计划及过程管理** ………………………………………… 83
　学习情景 1：订单计划创建的方法 …………………………………… 85
　学习情景 2：订单下发的流程及排产规则 …………………………… 97
　学习情景 3：生产过程管理 …………………………………………… 105

**项目 4　车间物流管理** ………………………………………………… 117
　学习情景 1：车间物料的认识 ………………………………………… 119
　学习情景 2：领料、投料的方法 ……………………………………… 127
　学习情景 3：物料出入库管理 ………………………………………… 135
　学习情景 4：物料库存管理 …………………………………………… 149

**项目 5　质量管理** ……………………………………………………… 159
　学习情景 1：生产车间常见的检测设备 ……………………………… 161
　学习情景 2：生产检验方法 …………………………………………… 177
　学习情景 3：不合格品管理 …………………………………………… 189

**项目 6　设备管理** ……………………………………………………… 195
　学习情景 1：设备信息管理 …………………………………………… 197
　学习情景 2：设备维保管理 …………………………………………… 217

项目 7　报表管理 ………………………………………………… **235**
　　学习情景：报表管理 ……………………………………… 237
项目 8　数据采集管理 …………………………………………… **247**
　　学习情景 1：数据采集方式 ……………………………… 251
　　学习情景 2：采集数据的管理 …………………………… 279

# 项目1 认识智能制造和 MES

## 项目导读

### 知识目标

1. 能够对智能制造有一个基础概念。可以从多个维度解释何为智能制造,并列举生活中智能制造带给我们变化的例子;

2. 分别解释"中国制造 2025""美国工业互联网计划""德国工业 4.0"等相关概念,清楚它们之间各自的重点方向及彼此间的差异;

3. 掌握 MES 的基本概念,了解 MES 的背景意义、基本功能架构;

4. 对 Jridge-MES 产品进行初步认知;

5. 掌握流程型企业及离散型企业的行业特点,及 MES 在其中的典型应用。

### 技能目标

学会自主学习、资料查阅、小组讨论,能够对智能制造的相关概念及知识、MES 的基本概念及功能、Jridge-MES 产品、流程型企业及离散型企业有一个初步认知。

### 项目背景

智能制造领域也已成为全球经济增长的新热点,当传统的规模化生产模式在劳动力成本上升、能源需求居高不下等刚性约束下,如何走出一条集约化、绿色化的可持续发展之路是世界各国企业面临的重大挑战。与此同时,互联网、大数据、云计算、物联网等新一代信息技术的出现,为传统制造系统的创新,实现传统制造到智能制造的跨越创造了条件。我国《智能制造发展规划(2016—2020 年)》已经明确指出:智能制造在全球范围内的快速发展已经成为制造业重要发展趋势,对产业发展和分工格局产生了深刻影响。

### 项目描述

本项目通过情景 1,完成智能制造的规划及标准的认识;通过情景 2,完成 MES 的应用意义及功能构架的认知;通过情景 3,完成 Jridge-MES 产品认知;通过情景 4,完成 MES 在制造企业车间应用的介绍。

学习情景 1：智能制造的规划及标准

| 姓名 | 班级 | 日期 | 任务页-1 |

# 学习情景 1： 智能制造的规划及标准

**学习任务描述**

了解智能制造的基本概念及政策。

**学习目标**

主要认识智能制造的相关规划及标准，通过本任务的学习，达到以下学习目标：

1. 通过自主学习、资料查阅，能够对智能制造有一个基础概念。可以从多个维度解释何为智能制造，并列举生活中智能制造带给我们变化的例子；

2. 分别解释"中国制造 2025""美国工业互联网计划""德国工业 4.0"等相关概念，清楚它们之间各自的重点方向及彼此间的差异。

**任务书**

简要介绍智能制造的相关概念及政策，从多个维度解释何为智能制造，并列举生活中智能制造带给我们变化的例子。

**任务分组**

项目实施时，分为 4~6 组，分别讨论以下话题：

从产品智能化、设备智能化、管理智能化、服务智能化、生产方式智能化五个维度中任选一个维度，谈谈自己对智能制造的理解，并列举智能制造在该维度下的具体体现。相关内容可填写至表 1-1-1。

表 1-1-1

| 班级 | | 组号 | | 任务 | |
|---|---|---|---|---|---|
| 组长 | | 学号 | | 指导老师 | |
| 请填写您选择的维度 | | 请填写您对智能制造在该维度下的具体体现 | | 备注 | |
| | | | | | |
| | | | | | |
| | | | | | |

## 学习情景1：智能制造的规划及标准

姓名_____ 班级_____ 日期_____ 信息页-1

### 获取信息

? 引导问题1：自主学习智能制造的相关概念及发展进程。
_____
_____

? 引导问题2：智能制造主要体现在以下五个维度：_____、_____、_____、_____、_____。

? 引导问题3：中、美、德都提出了自己在智能制造方向上的战略规划，分别为：中国_____、美国_____、德国_____。

? 引导问题4："中国制造2025""德国工业4.0""美国工业互联网计划"的区别。
_____
_____

? 引导问题5：选择智能制造的某一个维度进行深度探讨，说出智能制造在此维度下的表现形式，以及在此维度下的典型应用？
_____
_____

### 评价反馈

各组展示设备管理工作实施结果，介绍任务的完成过程并提交阐述材料，进行学生自评、学生组内互评、教师评价，完成考核评价表。考核评价表见表1-1-2。

? 引导问题6：在本次完成任务的过程中，给你印象最深的是哪件事？自己的基础知识、自学能力有哪些提高？
_____
_____

? 引导问题7：你对智能制造了解了多少？还想继续学习关于智能制造的哪些内容？
_____
_____

## 学习情景 1：智能制造的规划及标准

| 姓名 | | 班级 | | 日期 | | 评价页-1 | |

### 表 1-1-2 考核评价表

| 评价项目 | 评价内容 | 分值 | 自评 20% | 互评 20% | 师评 60% | 合计 |
|---|---|---|---|---|---|---|
| 职业素养 40分 | 爱岗敬业，安全意识、责任意识、服从意识 | 10 | | | | |
| | 积极参加任务活动，按时完成工作页 | 10 | | | | |
| | 团队合作、交流沟通能力、集体主义精神 | 10 | | | | |
| | 劳动纪律，职业道德 | 5 | | | | |
| | 现场 6s 标准，行为规范 | 5 | | | | |
| 专业能力 60分 | 专业资料检索能力，中外品牌分析能力 | 10 | | | | |
| | 制订计划能力，严谨认真 | 10 | | | | |
| | 操作符合规范，精益求精 | 15 | | | | |
| | 工作效率，分工协作 | 10 | | | | |
| | 任务验收质量，质量意识 | 15 | | | | |
| | 合计 | 100 | | | | |
| 创新能力 加分20 | 创新性思维和行动 | 20 | | | | |
| | 总计 | 120 | | | | |

教师签名： 学生签名：

## 拓展知识

### 一、智能制造的规划及标准

　　智能制造是指将物联网、大数据、云计算等新一代信息技术与生产、管理、服务等活动的各个环节融合，具有自感知、自决策、自执行等功能的先进制造过程、系统、模式的总称。智能制造不仅仅是单一技术、装备的突破与应用，而且还是制造技术、信息技术、通信技术的深度融合与集成创新。

　　智能制造可以通过产品智能化、设备智能化、管理智能化、服务智能化、生产方式智能化五个维度对其进行理解。

### 二、智能制造的五个维度

　　产品智能化是以产品的可追溯、可识别、可定位为标志。常见的智能化产品如智能手机、运动手环等，他们都具有信息追溯、信息识别、定位等功能。

## 学习情景 1：智能制造的规划及标准

| 姓名 | 班级 | 日期 | 知识页-1 |

设备智能化是以设备具有感知决策、执行维护、自组织、自适应能力为标志。常见的智能设备如扫地机器人，可以自己规划路径，遇到障碍物能够自动转变方向，并且具有路线记忆功能。还比如具有视觉功能的机器人，可以自行判断物品的位置、颜色、形状等。

管理智能化是指通过像 MES、ERP、OA 等一系列信息化软件以及大数据分析等技术，通过数据驱动，对企业日常管理活动中的人员、财务、设备、物料、订单等的智能化管理。

服务智能化是指能够实时挖掘用户的需求，并作出及时的响应，以及根据用户的需求推送定制化的服务。今日头条是第一款基于数据挖掘的推荐引擎产品，可以根据用户的浏览历史、观看时长等信息，分析用户的喜好，并向用户推送其关注的内容，做到智能化服务。

通过将智能化的产品、设备、管理与服务融入日常生产的研发、设计、加工、制造中，最终实现智能化生产方式，如图 1-1-1 所示。

### 三、"德国工业 4.0""美国工业互联网计划""中国制造 2025"

#### 3.1 "德国工业 4.0"

"工业 4.0"是德国于 2013 年在汉诺威工业博览会上正式提出，其核心目的是为了提高德国工业的竞争力，在新一轮工业革命中占领先机。随后由德国政府列入《德国 2020 高技术战略》中所提出的十大未来项目之一。该项目由德国联邦教育局及研究部和联邦经济技术部联合资助，投资预计达 2 亿欧元。旨在提升制造业的智能化水平，

德国工业 4.0 保时捷生产线

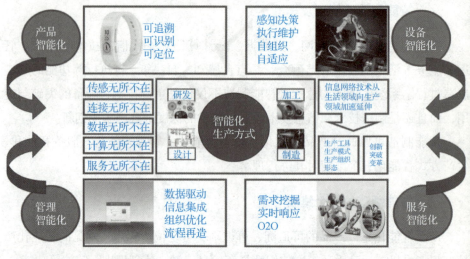

图 1-1-1　智能化生产方式

## 学习情景 1：智能制造的规划及标准

建立具有适应性、资源效率及基因工程学的智慧工厂，在商业流程及价值流程中整合客户及商业伙伴。其技术基础是网络实体系统及物联网。

该战略已经得到德国科研机构和产业界的广泛认同，弗劳恩霍夫协会将在其下属 6~7 个生产领域的研究所引入"工业 4.0"概念，西门子公司已经开始将这一概念引入其工业软件开发和生产控制系统。

自 2013 年 4 月在汉诺威工业博览会上正式推出以来，"工业 4.0"迅速成为德国的另一个标签，并在全球范围内引发了新一轮的工业转型竞赛。

### 3.2 "美国工业互联网计划"

"美国工业互联网计划"是由美国通用电气、英特尔、思科、AT&T、IBM 联手组建的工业互联网联盟（IIC）所推出，涵盖制造、电力、能源、交通、医疗五大行业，共有九个平台。"德国工业 4.0"只是"美国工业互联网计划"九大平台里面的一个平台。通用电气在 2012 年 11 月 26 日发表的工业互联网研究报告中指出，美国推动的工业互联网可以在未来增加 10 万亿到 15 万亿美元的产值。

### 3.3 "中国制造 2025"

2015 年 3 月 5 日，李克强在全国两会上作《政府工作报告》时首次提出"中国制造 2025"的宏大计划。《中国制造 2025》是经国务院总理李克强签批，由国务院于 2015 年 5 月印发的部署全面推进实施制造强国的战略文件，是中国实施制造强国战略第一个十年的行动纲领。

1 分钟了解中国制造 2025

"中国制造 2025"主要涉及：1. 新一代信息技术产业；2. 高档数控机床和机器人；3. 航空航天装备；4. 海洋工程装备及高技术船舶；5. 先进轨道交通装备；6. 节能与新能源汽车；7. 电力装备；8. 农机装备；9. 新材料；10. 生物医药及高性能医疗器械十大领域。

### 3.4 "中国制造 2025""德国工业 4.0""美国工业互联网计划"的区别

"中国制造 2025""德国工业 4.0""美国工业互联网计划"，虽然是世界上主要的几个大国几乎在同一时间提出的关于未来发展的战略目标，但是侧重点各有不同。

"中国制造 2025"侧重点是以提高国家制造业创新能力、推进信息化与工业化深度融合、强化工业基础能力、加强质量品牌建设、全面推行绿色制造、大力推进重点领域突破发展、深入推进制造业结构调整、积极发展服务型制造和生产性服务业、提高制造业国际化发展水平。

德国作为老牌的制造业第一强国，"工业 4.0"旨在依托德国强大的制造业基础，通过建立信息物理系统网络，实现虚拟网络世界与现实物理世界的

## 学习情景 1：智能制造的规划及标准

| 姓名 | 班级 | 日期 | 知识页-3 |

融合。将资源、信息、物体以及人紧密联系在一起，从而创造物联网及相关服务。

"美国工业互联网计划"希望用互联网激活传统工业，保持制造业的长期竞争力。侧重以政府战略为推动，通过各产业之间的联盟打通技术壁垒，希望借助网络和数据的力量提升整个工业的价值创造能力。

"德国工业 4.0"是自下而上的制造业改革升级，而"美国工业互联网计划"与德国相反，更像是自上而下，希望通过互联网的力量升级制造业。

学习情景 2：MES 的应用意义及功能构架

| 姓名 | 班级 | 日期 | 任务页–1 |

 学习笔记

## 学习情景 2： MES 的应用意义及功能构架

### 学习任务描述

MES 即制造执行系统，它在企业中的应用，可有效地缩短制造周期，缩短生产提前期，减少在制品，较少或消除数据输入时间，较少或消除作业转换中的文书工作，改进产品质量。本次学习主要介绍 MES 的应用意义及功能构架。

什么是 MES 系统

### 学习目标

主要认识 MES 的应用意义及功能构架，通过本任务的学习，达到以下学习目标：

1. 企业应用 MES 背景；
2. MES 在生产车间的层级；
3. 掌握 MES 的标准功能；
4. 熟悉 MES 的典型系统构架。

### 任务书

自主学习掌握 MES 的产生背景及意义。MES 有多个功能及多种系统构架，不同的公司、不同的产品所使用的 MES 有不同的功能构架的划分。因此，本任务需要同学们通过自主学习、查找资料的方式，分组讨论、研究阐述 MES 的功能构架。

### 任务分组

将班级学生分组，4~6 人为一组，分别讨论以下话题：

从不同的企业资料出发，每组通过研究 MES 的某一种功能构架，谈谈自己对 MES 功能构架的理解，并列举该 MES 功能构架在企业的具体体现。相关内容可填写至表 1-2-1。

## 学习情景 2：MES 的应用意义及功能构架

| 姓名 | | 班级 | | 日期 | | 任务页–2 | |

表 1-2-1

| 班级 | | 组号 | | 任务 | |
|---|---|---|---|---|---|
| 组长 | | 学号 | | 指导老师 | |
| 请填写您选择的企业 | | 列举该 MES 功能构架在企业的具体体现 | | 备注 | |
| | | | | | |
| | | | | | |
| | | | | | |

*学习笔记*

## 学习情景 2：MES 的应用意义及功能构架

姓名　　　　班级　　　　日期　　　　　　信息页-1

 学习笔记

### 获取信息

❓ 引导问题 1：自主学习 MES 的应用背景。
_____

❓ 引导问题 2：MES 在生产车间的层级。
_____

❓ 引导问题 3：制造过程管理包含 5 个功能，分别为：
_____、_____、_____、_____、
_____。

❓ 引导问题 4：MES 划分为 11 个功能模块，分别为：
_____、_____、_____、_____、
_____、_____、_____、_____、
_____、_____、_____。

❓ 引导问题 5：MES 系统采用_____构架模式。

❓ 引导问题 6：选择 MES 的某一功能构架进行深度探讨，说出 MES 功能构架在企业的具体体现？
_____
_____

## 学习情景2：MES 的应用意义及功能构架

| 姓名 | 班级 | 日期 | 评价页-1 |

### 评价反馈

各组展示查询 MES 功能构架结果，介绍任务的完成过程并提交阐述材料，进行学生自评、学生组内互评、教师评价，完成考核评价表。考核评价表见表 1-2-2。

**引导问题 7**：在本次完成任务的过程中，给你印象最深的是哪件事？自己的基础知识、学习能力有哪些提高？

_____

_____

**引导问题 8**：你对 MES 功能构架了解了多少？还想继续学习关于 MES 功能构架的哪些内容？

_____

_____

表 1-2-2　考核评价表

| 评价项目 | 评价内容 | 分值 | 自评 20% | 互评 20% | 师评 60% | 合计 |
|---|---|---|---|---|---|---|
| 职业素养 40 分 | 爱岗敬业，安全意识、责任意识、服从意识 | 10 | | | | |
| | 积极参加任务活动，按时完成工作页 | 10 | | | | |
| | 团队合作、交流沟通能力、集体主义精神 | 10 | | | | |
| | 劳动纪律，职业道德 | 5 | | | | |
| | 现场 6s 标准，行为规范 | 5 | | | | |
| 专业能力 60 分 | 专业资料检索能力，中外品牌分析能力 | 10 | | | | |
| | 制订计划能力，严谨认真 | 10 | | | | |
| | 操作符合规范，精益求精 | 15 | | | | |
| | 工作效率，分工协作 | 10 | | | | |
| | 任务验收质量，质量意识 | 15 | | | | |
| | 合计 | 100 | | | | |
| 创新能力 加分 20 | 创新性思维和行动 | 20 | | | | |
| | 总计 | 120 | | | | |
| 教师签名： | | | 学生签名： | | | |

## 学习情景 2：MES 的应用意义及功能构架

姓名　　　班级　　　日期　　　知识页-1

**拓展知识**

### 一、企业应用 MES 背景

MES（Manufacturing Execution System）制造执行系统，是一套面向制造企业车间执行层的生产信息化管理系统，通过信息传递对从订单下达到产品完成的整个生产过程进行优化管理。当工厂发生实时事件时，MES 能对此及时作出反应、报告，并用当前的准确数据对它们进行指导和处理。

### 二、MES 在生产车间的层级

PLM/ERP/MES 已成为企业信息化并驾齐驱的三大系统，其中，MES 以其与生产过程的紧密结合，与产能、质量、工时、物料等关键要素的高度关联，成为信息化建设的热点和重点。

在逻辑架构上，MES 上承 ERP 系统的主计划，下接控制层（PLC\DCS\SCADA），是企业信息管理重要的中间层。如图 1-2-1 所示。

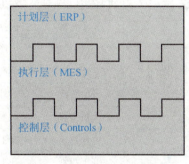

图 1-2-1　MES 在生产车间的层级

MES 是生产活动与管理活动信息沟通的桥梁，计划与生产之间承上启下的"信息枢纽"。

——生产与管理的桥梁

MES 采集从接受订货到制成最终产品全过程的各种数据和状态信息，目的在于优化管理活动，对随时可能发生变化的生产状况作出快速反应。它强调的是精确的实时数据。

——精确的实时数据

MES 改善设备投资回报率，以及改善及时交货、库存周转、毛利和现金流通性能。

——改善工厂运作

### 三、MES 的标准功能

MES 的标准功能主要包含基础数据管理、计划管理、制造过程管理、车间物流管理、追溯管理、质量管理、设备管理、安灯管理、报表平台、集成管理、消息平台这 11 个模块，每个模块有若干子模块，具体内容如表 1-2-3 所示。

## 学习情景 2：MES 的应用意义及功能构架

| 姓名 | 班级 | 日期 | 知识页-2 |

表 1-2-3　MES 功能列表

| 模块 | 设备台账 | 说明 |
|---|---|---|
| 基础数据管理 | 工厂建模 | 创建和维护企业生产相关的基础信息 |
| | 权限管理 | 对角色或人员进行授权 |
| | 工艺管理 | 创建和维护工艺数据 |
| 计划管理 | 订单管理 | 创建、修改或删除订单信息 |
| | 排产 | 进行 APS 计算，安排生产计划 |
| | 计划变更 | 调整生产计划 |
| | 计划状态控制 | 对计划进行发布与取消、暂停与撤销的控制 |
| | 物料需求清单 | 系统根据生产计划自动生成物资需求计划 |
| | 再制造计划管理 | 对生产的残次品编排再制造生产计划 |
| 制造过程管理 | 工单管理 | 根据排产结果生成生产工单，工人根据工单进行开工和报工 |
| | 齐套性检验 | 生产前对生产物料是否齐全进行校验 |
| | 作业文档发放 | 生产时将工艺参数或图纸发到工人操作台 |
| | 外协管理 | 对外协品进行发出与收货的管理 |
| | 人员考勤 | 对人员的出勤情况和生产绩效进行统计 |
| 车间物流管理 | 领料 | 开工前领料操作 |
| | 开工投料 | 开工时投入生产物料 |
| | 标识管理 | 物料及生产资源标识的规则定义、生成、打印等管理 |
| | 成品入库 | 成品生产完成后的入库管理 |
| | 成品装箱与发货 | 库存的成品进行装箱发货管理 |
| | 耗料管控 | 对耗料方式和耗料数量进行管控 |
| | 替代料管理 | 替代库存不足或者缺货断货的物料 |
| | 线边仓管理 | 支持生产线的不间断生产，设置产线生产的通用性物料存放点 |
| | 物料交接 | 对物料交接申请和收货确认进行管理 |
| 追溯管理 | 追溯生成 | 对生产过程中的"人、机、料、法、环"不同维度进行追溯 |
| | 追溯查询 | 查询追溯结果 |
| 质量管理 | 质检设备管理 | 质检设备的可用性管理和质检设备数据采集 |
| | 生产检验 | 生产过程中各个环节的质量检验管理 |
| | 不合格品处理 | 不合格品处理流程管理或报废品处理流程管理 |
| | 质量数据分析 | 对所有的质量数据进行分析，将分析结果生成报表进行展示 |
| 设备管理 | 设备台账 | 维护设备基础信息 |
| | 设备保养 | 对设备进行日常维护管理 |
| | 设备维修 | 设备故障报修和维修管理 |

## 学习情景2：MES的应用意义及功能构架

姓名　　　　班级　　　　日期　　　　知识页–3

续表

| 模块 | 设备台账 | 说明 |
|---|---|---|
| 设备管理 | 设备监控 | 对设备运行情况进行实时监控，配置报警信息，出现异常时及时报警 |
| | 设备点检 | 对设备上的规定部位（点）进行有无异常的预防性周密检查 |
| | 备件管理 | 设备备件BOM管理、备件寿命跟踪和定期检修 |
| | 工装夹具 | 对企业生产所用的工装夹具进行管理 |
| | 模具管理 | 模具BOM管理、模具寿命跟踪、模具报修、模具维修与报废、模具入库和模具领用管理 |
| 安灯管理 | 安灯展示 | 通过工厂三维建模，使生产场景可视化，对生产状况进行实时监测 |
| | 设备异常 | 设备出现异常状况时进行设备报修推送或PLC数据异常推送 |
| | 质量安灯 | 质检中出现异常时，进行过程检验异常推送或机组质量异常推送 |
| | 安全安灯 | 生产中出现事故时，进行机组事故推送或人员事故推送 |
| | 其他安灯 | 对其他意外情况进行维护和异常推送 |
| 报表平台 | 标准报表 | 提供标准报表，将订单、计划、生产等数据以报表的形式展示 |
| | 自定义报表 | 支持自定义报表开发 |
| | 大屏自定义 | 支持自定义大屏展示的报表种类和展示方式 |
| 集成管理 | ERP集成 | 对ERP生产单、客户主数据、供应商主数据等信息进行集成 |
| | PDM集成 | 与PDM集成，进行BOM转换 |
| | WMS集成 | 与WMS集成，发送生产单开工 |
| 消息平台 | 消息配置 | 配置消息推送方式，支持将消息推送到手机APP、企业微信或邮箱等 |

### 四、MES系统构架

　　MES系统构架需要有很多功能模块来支持，通过上述这些模块有效协作，以及系统间的集成接口，MES系统构架得以成功沟通企业上下层数据流。位于MES系统构架之下的是底层生产控制系统，包括DCS、PLC、NC/CNC和SCADA或这几种类型的组合；而位于MES系统构架之上的是上层计划管理系统，包括ERP、MRPII。

　　从时间因素分析，在MES系统构架之上的ERP计划系统，是以订单时间为标准，进行长期的企业生产计划安排，而MES系统则是对近期具体的生产任务，进行资源统计调配和生产安排，而底层控制系统则主要负责实时接收生产指令，使设备正常加工运转，进行生产。它们相互关联、互为补充，实现企业的连续信息流。

## 学习情景2：MES 的应用意义及功能构架

| 姓名 | 班级 | 日期 | 知识页-4 |

从层次角度分析，制造企业 MES 系统构架的控制结构可划分为工厂层、车间层、单元层和设备层。其中，单元层相当于一般企业的工段或班组。通常，ERP 系统处于工厂层和车间层，有时会扩展到单元层。设备控制系统处于设备层，有时会扩展到单元层。而 MES 则总是处于车间层与单元层。因此，MES 系统与 ERP 系统在车间层（有时包括单元层）的功能上会有部分重复，MES 系统与设备控制系统在单元层有时也会有部分功能重叠。

在 ERP 系统产生的长期计划的指导下，MES 根据底层控制系统采集的与生产有关的实时数据，进行短期生产作业的计划调度、监控、资源配置和生产过程优化等工作。

控制与信息反馈流程、MES 系统与 ERP 系统、设备控制系统之间的关系。在 MES 系统构架中，计划与控制指令自上而下会越来越具体与细致，而由分布在生产现场的数据采集系统采集的实时数据则自下而上经过层层汇总，所以经过 MES 系统构架中的数据综合性也会越来越强。

通过 MES 系统构架的搭建，企业可以实现上下层数据流的联通，从而让上层指令及时下达，及时执行，也能让下层信息及时反馈传递至上层，为上层决策提供支持。

## 学习情景 3：Jridge-MES 产品认知

| 姓名 | 班级 | 日期 | 任务页-1 |

# 学习情景 3： Jridge-MES 产品认知

**学习任务描述**

初步认识 Jridge-MES 产品。

**学习目标**

主要认识 Jridge-MES 产品的背景定位、功能模块、技术构架、方案特点、环境要求。

**任务书**

简要介绍 Jridge-MES 产品，并指出它的优势。

**任务分组**

项目实施时，分为 4~6 组，分别讨论以下话题：

从背景定位、功能模块、技术构架、方案特点、环境要求五个方面中任选一个，谈谈自己对 Jridge-MES 产品的理解，并列举 Jridge-MES 产品在该方面的优势。相关内容可填写至表 1-3-1。

表 1-3-1

| 班级 | | 组号 | | 任务 | |
|---|---|---|---|---|---|
| 组长 | | 学号 | | 指导老师 | |
| 请填写您选择的方面 | | 请填写 Jridge-MES 产品在该方面的优势 | | 备注 | |
| | | | | | |
| | | | | | |
| | | | | | |
| | | | | | |
| | | | | | |

学习情景3：Jridge-MES 产品认知

姓名　　　　班级　　　　日期　　　　信息页-1

获取信息

❓ 引导问题1：Jridge-MES 产品的背景定位：
_____
_____

❓ 引导问题2：Jridge-MES 产品的11个功能模块：
_____、_____、_____、_____、_____、
_____、_____、_____、_____、_____、
_____。

❓ 引导问题3：Jridge-MES 产品的系统构架：
_____
_____。

❓ 引导问题4：Jridge-MES 产品的9个方案特点：
_____、_____、_____、_____、_____、
_____、_____、_____、_____。

❓ 引导问题5：Jridge-MES 产品的环境要求：
_____
_____。

### 学习情景3：Jridge-MES产品认知

姓名　　　　　　班级　　　　　　日期　　　　　　评价页-1

**评价反馈**

各组展示查询Jridge-MES产品在各方面的优势，介绍任务的完成过程并提交阐述材料，进行学生自评、学生组内互评、教师评价，完成考核评价表。考核评价表见表1-3-2。

❓ 引导问题6：在本次完成任务的过程中，给你印象最深的是哪件事？自己的基础知识、自学能力有哪些提高？

_____

_____

❓ 引导问题7：你对Jridge-MES产品了解了多少？还想继续学习关于Jridge-MES产品的哪些内容？

_____

_____

表1-3-2　考核评价表

| 评价项目 | 评价内容 | 分值 | 自评 20% | 互评 20% | 师评 60% | 合计 |
|---|---|---|---|---|---|---|
| 职业素养 40分 | 爱岗敬业，安全意识、责任意识、服从意识 | 10 | | | | |
| | 积极参加任务活动，按时完成工作页 | 10 | | | | |
| | 团队合作、交流沟通能力、集体主义精神 | 10 | | | | |
| | 劳动纪律、职业道德 | 5 | | | | |
| | 现场6s标准，行为规范 | 5 | | | | |
| 专业能力 60分 | 专业资料检索能力，中外品牌分析能力 | 10 | | | | |
| | 制订计划能力，严谨认真 | 10 | | | | |
| | 操作符合规范，精益求精 | 15 | | | | |
| | 工作效率，分工协作 | 10 | | | | |
| | 任务验收质量，质量意识 | 15 | | | | |
| | 合计 | 100 | | | | |
| 创新能力 加分20 | 创新性思维和行动 | 20 | | | | |
| | 总计 | 120 | | | | |
| | 教师签名： | | | 学生签名： | | |

## 学习情景3：Jridge-MES 产品认知

| 姓名 | 班级 | 日期 | 知识页-1 |

### 一、产品背景与定位

企业生产过程涉及的环节多，变数多，如何让企业生产有序、按时、柔性是企业生产面临的重要挑战。生产过程中的每个环节都要求能做到准确及时地数据收集，快速高效地统计分析，精准有效地过程控制，如何做到这些，是企业亟须关注的问题。

针对上述问题，简睿捷智能制造电子工单系统软件对多行业提供解决方案，通过对生产过程中"人、机、料、法、环"的管理，实现科学的计划与排产；对生产过程中的数据进行收集并录入系统，用于生产过程透明性管理，实现现场数据到计划管理部门的反馈；根据订单、BOM和工艺路线，结合订单交货日期等排产条件快速生成面向产线的生产任务，任务单发放到机组后，操作人员在智能终端上进行开工报工等操作，用来反馈生产现场数据，形成闭环反馈机制；后台数据统计分析模块可以生成计划进度表、质量反馈表、工时结算表等各类报表，为计划、质量和财务等部门提供决策依据。

在应用领域，简睿捷 MES 重点适配汽车零部件、食品药品、通用零部件等行业的流水线型生产企业，实现对生产线的计划派工、领料配料、开工报工、数据采集、安灯系统、追溯管理等管理功能，实现自动化与信息化的融合，并集成企业的 ERP 和 WMS 等系统，形成数据驱动业务的应用模式。

针对中小型企业不同的车间建设水平，从企业整体出发，结合简睿捷 PLM、MES 产品建设方案，提供可以落地的数据采集建设与实施方案，向车间信息系统提供数据支持与分析报表。

简睿捷提供完整的数据采集实施方案与计划，配备专业数字采集团队，建立一套标准化的数据采集平台，为企业上层信息化应用提供强有力的支持与保障。

### 二、Jridge-MES 产品的功能模块

Jridge-MES 产品的功能模块，如图 1-3-1 所示。

### 三、产品技术架构

简睿捷数据采集软件包含设备层、采集层、存储层、应用层四个标准层级架构。如图 1-3-2 所示。

## 学习情景 3：Jridge-MES 产品认知

姓名　　　　班级　　　　日期　　　　知识页-2

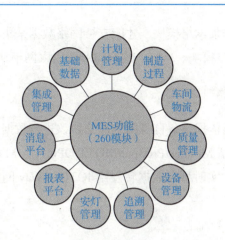

图 1-3-1　Jridge-MES 产品的功能模块

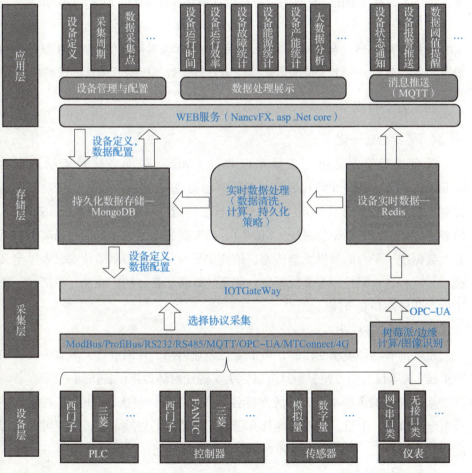

图 1-3-2　软件架构图

### 设备层

系统设备层包括 PLC、机床控制器、传感器、仪表等硬件设备。这些设备

## 学习情景 3：Jridge-MES 产品认知

| 姓名 | 班级 | 日期 | 知识页-3 |

需本身自带网口或增加网络模块，才能支持网络数据采集。常见的网络附加模块包括 PLC 以太网口模块、Fanuc PCMCIA 转以太网模块、串口转网口模块、串口转 WiFi 模块等。

### 采集层

系统采集层包括依据设备自身网络通信协议进行数据交互的软件采集功能模块。网络协议包括 Modbus/Profinet/MQTT/OPC-UA/MTConnect 等。软件采集功能模块将采集的实时秒级数据转发给 IOTGateWay 网关，由网关向存储层提供数据。

### 存储层

系统存储层提供设备定义与数据配置信息。将实时数据先存入 Redis 缓存系统，经过实时数据清洗、计算后，将有效数据存入持久化的 MongoDB 数据库。

### 应用层

系统应用层通过与 Redis、MongoDB 数据库的对接，使用 WEB 服务获取设备与数据信息，向上支持网页端的设备管理、数据展示、消息推送等功能。

### 四、方案特点

#### 4.1 平台统一化

简睿捷智能制造电子工单系统软件（MES）是简睿捷智能制造平台（Jridge ITM）上的一个应用，与简睿捷智能制造文档发放系统（DRS）、简睿捷智能制造基础数据管理系统、简睿捷智能制造产品数据管理系统（PDM）、简睿捷智能制造数据采集系统（MDC）、简睿捷智能制造设备联网采集器及工业大数据统一平台的数据无缝传递，依托于平台的元模型驱动技术、表单定义技术、流程、权限控制等底层服务，使系统具备了良好的扩展性、灵活性、稳定性、开放性和安全性。

#### 4.2 终端多样化

系统部署的环境不受限制，可部署在企业内网、外网或者云端服务器（如阿里云），不仅安全方便，而且可以完美实现随时随地跨设备访问。

基于优秀的系统架构，系统支持各类智能终端，包括 PC 机、工控机、平板电脑、PDA、手机，或者其他具有稳定操作系统的终端设备，用户可通过智能终端进行开工、报工、质检和查询统计，便捷易用。

#### 4.3 配置自由化

系统支持高度自由灵活的配置，通过元模型工具，可以按照需求配置应用终端使用界面的表单内容，自由增加、修改或删除使用字段。系统内置的 260

## 学习情景 3：Jridge-MES 产品认知

| 姓名 | 班级 | 日期 | 知识页 –4 |

余个功能点也可自由配置，可以根据需要开启或关闭相关功能。此外，系统的标准化报表也支持自由配置，满足用户对数据统计的各类需求。

### 4.4 集成全面化

系统可对接 PLM、ERP 系统，支持集成应用。可以通过一键操作，将 PLM 中的设计 BOM、工艺 BOM 等基础数据转换到电子工单系统，为排产和生产提供数据基础。系统支持将 PLM 中的图纸转换为轻量化图纸，并加盖签章、水印，随同工单一起准确、实时地发送到车间工位上，由工人直接打开并查看图纸信息。系统还可以通过定制方式与各类 ERP 系统、WMS 系统等进行深度集成，实现车间领料、半成品入库、成品入库等业务操作，还可对接 ERP 主计划，直接提取主计划里的计划信息、BOM 信息，实现 ERP 系统的同步报工、入库。

### 4.5 排产简明化

系统提供多种排产方式，既有按照"批次计划 – 车间计划 – 机组计划"这三个层级进行计划制订与执行的三级计划，还有按库存拉动或按订单拉动的 APS 排产，根据企业业务模式自由选择最适合的排产方式。系统把复杂的排产逻辑放在后台，根据用户初始创建的各类基础数据和自定义的约束条件交由后台自动运算。用户只需在应用终端的可视化界面上简单操作即可快速完成排产，并且在排产之后还支持各类计划的变更与调整，简明高效。

### 4.6 报表可视化

系统可以输出各类生产数据报表，如生产进度表、车间负荷表、报工表、派工表、生产及时率报表、成本报表、工资报表等，结合报表定义工具，报表输出格式灵活可配，图形化报表直观易用。系统使用 React/Dva/Antd 等前端前沿技术开发，大大增加了报表的可视化效果，让数据栩栩如生。

### 4.7 质检多样化

系统支持多样化的质检方式，有定时抽检、定量抽检、全检、首检、尾检、在线检验，除此之外，还可以设置车间巡检和机组巡检任务，便于实时掌握产品质量信息和生产信息。多样化的质检方式由企业根据实际业务场景自由选择，保证不合格的原材料不投产，不合格的零部件不转下道工序，不合格的产品不入库，不出厂。检验过程收集和积累反映质量状况的海量数据，为测定和分析工序能力，监督工艺过程，改进质量提供数据支撑。

### 4.8 物料精细化

系统实现对物料全生命周期的精细化管理，涵盖从原料到加工成半成品，再由半成品加工成自制件，然后组装成成品，最终入库装箱发货的全过程。精

## 学习情景3：Jridge-MES产品认知

| 姓名 | 班级 | 日期 | 知识页-5 |

细化管理可为企业正确计划用料提供参考，实现库存优化，避免物料的长期搁置造成损失，物料精细化管理结合多样化的质检确保物料的品质。精细化管理还有利于统计物料投入产出比，为企业核算成本提供参考。

### 4.9 追溯透明化

系统的追溯功能可以对产品进行正向追溯或逆向追溯查询，帮助企业实时、高效、准确、可靠实现生产过程和质量管理，使生产更加透明化。系统通过人员追溯、设备追溯、物料追溯、质量追溯、环境追溯，使企业生产过程中与产品相关的"人、机、料、法、环"等各项信息公开透明。为企业的产品召回提供可靠的信息支撑，强化对市场的管理与控制。

### 4.10 设备智能化

系统对设备进行全生命周期管理，建立设备档案和维修知识库，积累大量数据后，基于故障大数据分析生成预防性维修计划，形成维修任务的业务闭环。此外，结合简睿捷智能制造数据采集系统软件（MDC），对设备的PLC数据、水电气能耗数据、温湿度数据、摄像头等进行监控和管理，使设备在网络、大数据、物联网等技术支持下，更加智能化。

### 五、环境要求

#### 5.1 服务器物理化部署方式配置推荐

内存：16G及以上

硬盘：2T及以上

CPU：8核及以上

以上为单台服务器配置，如果数据库服务和应用服务分开，需要两台服务器。

#### 5.2 服务器虚拟化部署方式配置推荐

内存：32G及以上

硬盘：4T及以上

CPU：24核及以上（分配给虚拟机）

虚拟化部署方式中的虚拟化软件需单独购买。

#### 5.3 服务器软件环境要求

操作系统：支持Windows Server 2008 R2及以上

数据库：SQL server 2012及以上、Oracle R11及以上、MongoDB

Microsoft.NET Framework：4.5及以上

部署Java环境。

### 5.4 客户端环境要求

Microsoft.NET Framework：4.5 及以上

操作系统：win7 及以上 32 位或 64 位系统

设备：支持智能手机、平板电脑、手持 PDA、工控机（推荐使用）

### 5.5 网页端环境要求

浏览器：Google Chrome

### 5.6 移动端环境要求

Android4.0 及以上版本

IOS 12.4.1 及以上版本

## 学习情景 4: MES 在制造企业车间的应用

| 姓名 | 班级 | 日期 | 任务页-1 |

# 学习情景 4: MES 在制造企业车间的应用

### 学习任务描述

了解离散型行业及流程型行业的行业特点、差异及 MES 在其中的典型应用。

### 学习目标

主要认识 MES 在制造企业车间的应用，通过本任务的学习，达到以下学习目标：

1. 流程型企业与离散型企业的特点；
2. 流程型企业与离散型企业的差异；
3. MES 在流程型企业的应用；
4. MES 在离散型企业的应用。

### 任务书

请简要介绍流程型行业和离散型行业的特点，以及他们的主要差异，并通过自主学习、查找资料，列举你所知道的离散型行业和流程型行业。

流程型行业特点：

离散型行业特点：

差异点：

流程型行业举例：

离散型行业举例：

## 学习情景 4：MES 在制造企业车间的应用

| 姓名 | | 班级 | | 日期 | | 任务页-2 |

### 任务分组

将班级学生分组，4~6 人为一组，分别讨论以下两个话题：

1. 从流程型企业和离散型企业的七个差异中任选一个，谈谈自己对流程型企业和离散型企业的理解，并列举智能制造在该维度下的具体体现。相关内容填写至表 1-4-1。

表 1-4-1

| 班级 | | 组号 | | 任务 | |
|---|---|---|---|---|---|
| 组长 | | 学号 | | 指导老师 | |
| 请填写您选择的差异 | | 请填写流程型企业和离散型企业在该差异方面的具体体现 | | 备注 | |
| | | | | | |
| | | | | | |
| | | | | | |
| | | | | | |
| | | | | | |

2. 从流程型、离散型两个行业中任选一个，列举 MES 在该企业中的具体应用。相关内容填写至表 1-4-2。

表 1-4-2

| 班级 | | 组号 | | 任务 | |
|---|---|---|---|---|---|
| 组长 | | 学号 | | 指导老师 | |
| 请填写您选择的行业 | 列举 MES 在该企业中的具体应用 | | 解决痛点 | 备注 |
| | | | | |
| | | | | |
| | | | | |

## 学习情景 4：MES 在制造企业车间的应用

姓名　　　　班级　　　　日期　　　　信息页–1

### 获取信息

**引导问题 1**：从 _____ 和 _____ 上，企业的行业类型可分为流程型生产行业和离散型制造行业。

**引导问题 2**：简要概述流程型企业和离散型企业的特点？

_____

_____

**引导问题 3**：流程型企业和离散型企业主要的 7 个方面差异体现，分别是：

_____、_____、_____、_____、

_____、_____、_____。

**引导问题 4**：选择 MES 的一个行业，说出 MES 在该行业下的典型应用？

_____

_____

学习笔记

### 学习情景 4：MES 在制造企业车间的应用

| 姓名 | 班级 | 日期 | 评价页-1 |

**评价反馈**

各组展示 MES 在流程型企业和离散型企业中的差异和具体应用，介绍任务的完成过程并提交阐述材料，进行学生自评、学生组内互评、教师评价，完成考核评价表。考核评价表见表 1-4-3。

**引导问题 5**：在本次完成任务的过程中，给你印象最深的是哪件事？自己的基础知识、自学能力有哪些提高？

**引导问题 6**：你对流程型企业和离散型企业了解了多少？还想继续学习关于 MES 的哪些应用？

表 1-4-3　考核评价表

| 评价项目 | 评价内容 | 分值 | 自评 20% | 互评 20% | 师评 60% | 合计 |
|---|---|---|---|---|---|---|
| 职业素养 40 分 | 爱岗敬业，安全意识、责任意识、服从意识 | 10 | | | | |
| | 积极参加任务活动，按时完成工作页 | 10 | | | | |
| | 团队合作、交流沟通能力，集体主义精神 | 10 | | | | |
| | 劳动纪律，职业道德 | 5 | | | | |
| | 现场 6s 标准，行为规范 | 5 | | | | |
| 专业能力 60 分 | 专业资料检索能力，中外品牌分析能力 | 10 | | | | |
| | 制订计划能力，严谨认真 | 10 | | | | |
| | 操作符合规范，精益求精 | 15 | | | | |
| | 工作效率，分工协作 | 10 | | | | |
| | 任务验收质量，质量意识 | 15 | | | | |
| | 合计 | 100 | | | | |
| 创新能力 加分 20 | 创新性思维和行动 | 20 | | | | |
| | 总计 | 120 | | | | |
| | 教师签名： | | | 学生签名： | | |

## 学习情景 4：MES 在制造企业车间的应用

| 姓名 | 班级 | 日期 | 知识页-1 |

**拓展知识**

### 一、流程型企业与离散型企业的特点

从产品类型和生产工艺组织方式上，企业的行业类型可分为流程型生产行业和离散型制造行业。

所谓流程型生产企业是指被加工对象不间断地通过生产设备经过一系列的加工装置使原材料进行规定的化学反应或物理变化，最终得到满意的产品。如化工厂、炼油厂、水泥厂、发电厂等，这里基本的生产特征是由于生产过程是24小时连续不断的，人们也称此类生产为过程型或连续型生产。典型的流程生产行业有医药、石油化工、电力、钢铁制造、能源、水泥等。这些企业主要采用按库存、批量、连续的生产方式。

所谓离散型生产企业主要是指大类机械加工企业。它们的基本生产特征是机器（机床）对工件外形的加工，再将不同的工件组装成具有某种功能的产品。由于机器和工件都是分立的，故称之为离散型生产方式。典型的离散制造行业主要包括机械制造、电子电器、航空制造、汽车制造等。这些企业既有按订单生产，也有按库存生产；既有批量生产，也有单件小批生产。

MES 系统从功能模型、信息模型以及相关技术上覆盖了流程生产行业和离散制造行业。但是，在工艺流程和生产组织方式方面，流程生产行业和离散制造行业存在较大的差别，在实际应用时，需要根据企业的特点进行定制化建设。

### 二、流程型企业与离散型企业的差异

#### 2.1 需求差异方面

流程生产行业，主要是通过对原材料进行混合、分离、粉碎、加热等物理或化学方法使原材料增值。通常，他们以批量或连续的方式进行生产。

离散制造行业主要是通过对原材料物理形状的改变、组装，成为产品使其增值。在 MES 需求、应用环境等诸多方面，两者都有较大的差异。

#### 2.2 工艺流程方面

流程生产行业，其特点是品种固定，批量大，生产设备投资高，而且按照产品进行布置。通常，流程生产行业企业设备是专用的，很难改作其他用途。

## 学习情景 4：MES 在制造企业车间的应用

| 姓名 | 班级 | 日期 | 知识页-2 |

离散制造业，其特点是多品种和小批量。因此，生产设备的布置不是按产品而是按照工艺进行布置的。

例如，离散制造业往往要按车、磨、刨、铣等工艺过程来安排机床的位置。每个产品的工艺过程都可能不一样，进行同一种加工工艺的机床可以有多台。因此，离散制造业需要对所加工的物料进行调度，并且中间品需要搬运。

### 2.3 自动化水平方面

流程生产行业企业大多采用大规模生产方式，生产工艺技术成熟，广泛采用 PCS（过程控制系统），控制生产工艺条件的自动化设备比较成熟。因此，流程生产行业企业生产过程多数是自动化，生产车间的人员主要是管理、监视和设备检修。

离散制造行业企业是离散加工，产品的质量和生产很大程度依赖于工人的技术水平。离散制造行业企业自动化主要在单元级，例如数控机床、柔性制造系统。因此，离散制造行业企业一般是人员密集型企业，自动化水平相对较低。

### 2.4 生产计划管理方面

流程生产企业主要是大批量生产。只有满负荷生产，企业才能将成本降下来，在市场上具有竞争力。因此，在流程生产行业企业的生产计划中，年度计划更具有重要性，它决定了企业的物料需求。

离散制造企业主要从事单件、小批量生产，由于产品的工艺过程经常变更，它们需具有良好的计划能力。

对于按订单组织生产的企业，由于很难预测订单在什么时候到来。因此，对采购和生产车间的计划就需要很好的生产计划系统，特别需要 MES 来参与计划系统的工作。只要应用得当，在生产计划系统方面投资所产生的效益在离散制造业才能相当高。

### 2.5 设备管理方面

流程生产行业的产品比较固定，而且一旦生产就有可能是十几年不变；机械制造等行业的产品，寿命相对要短得多。体现在设备上，流程生产企业的设备是一条固定的生产线，设备投资比较大、工艺流程固定。其生产能力有一定的限制，生产线上的设备维护特别重要，不能发生故障。离散加工业则不是这样，单台设备可以停下来检修，并不会影响整个生产系统。

离散制造行业生产设备的布置，不是按产品而是按照工艺进行布置的。进行同一种加工工艺的机床一般有多台。单台设备的故障不会对整个产品的工艺过程产生严重的影响，一般需要重点管理关键、瓶颈设备。

## 学习情景 4：MES 在制造企业车间的应用

姓名　　　　班级　　　　日期　　　　知识页−3

流程生产行业的流水线生产中，生产线上的设备维护特别重要，每台设备都是关键设备，不能发生故障，一台设备的故障会导致整个工艺流程的终止。

### 2.6 作业计划调度方面

流程生产企业的产品，是以流水生产线方式组织的、连续的生产方式，只存在连续的工艺流程，不存在与离散制造企业对应的严格的工艺路线。因此，在作业计划调度方面，不需要也无法精确到工序级别，而是以整个流水生产线为单元进行调度。从作业计划的作用和实现上，比离散制造企业相对简单。

离散制造企业的生产作业计划调度，需要根据优先级、工作中心能力、设备能力、均衡生产等方面对工序级、设备级的作业计划进行调度。这种调度，是基于有限能力的调度并通过考虑生产中的交错、重叠和并行操作来准确地计算工序的开工时间、完工时间、准备时间、排队时间以及移动时间。通过良好的作业顺序，可以明显地提高生产效率。

### 2.7 库房物料管理方面

流程生产行业中，对连续生产方式，一般不设中间半成品库房，配方原料的库位一般设置在工序旁边。配方领料不是根据工序分别领料，而是根据生产计划一次领料放在工序库位中。

离散制造行业中，一般对半成品也设有相应的库房，各工序根据生产作业计划以及配套清单分别进行领料。

# 项目 2　基础数据管理

## 项目导读

### 知识目标

1. 了解企业组织架构、人员管理、设备管理、工艺管理等相关知识；
2. 理解 MES 系统中人员数据、工厂建模数据、产品工艺数据的定义与属性；
3. 理解 MES 各个基础数据对整个系统数据的支撑作用。

### 技能目标

1. 学会在 MES 系统中进行基础数据管理；
2. 学会在 MES 系统中进行基础数据初始化操作。

### 项目背景

基础数据管理围绕人、机、料、法几大生产要素建立统一的数据源。基础数据作为 MES 系统业务层各业务模块运行的逻辑规则和数据依据，作用非常关键，不可或缺。本项目通过模拟某汽车锻造公司的挡把生产车间为案例，讲述 MES 系统中的基础数据管理功能，完成曲轴车间 MES 系统运行基础数据初始化工作，为生产管理业务系统提供数据支撑。

### 项目描述

本项目需要维护的基础数据主要包括以下几个方面：

1. 人员管理

人员管理可以在 MES 系统中创建用户，定义角色，为人员或角色分配权限。权限管理中可以进行角色定义，根据人员不同的分工自由分配到所定义的角色中。可以对单个人员进行授权，也可以对角色进行授权，人员或角色被授权后可以访问而且只能访问自己被授权的资源。此外，还有人员安全级别设定和三权分立（系统管理员、安全保密管理员、安全审计员）设定作为扩展的可选功能点。

2. 工厂建模

创建和维护企业生产车间、机组、产线及其所对应的人员、设备、工序、并根据产品 BOM 匹配产品与机组的对应关系。具体分为工厂、部门、班组、人员维护；工厂、产线、工作中心、设备维护；工厂日历、班组日历、设备日历维护；人员技能维护。

3. 工艺管理

创建和维护工艺数据，作为计划排产和生产的先决条件。具体包括标准工序编制、工艺 BOM 管理、工艺参数、替代料更换、工艺路线管理、工时定额维护、材料定额维护、质检指标维护等。

本项目通过三个任务分别完成人员数据、工厂建模数据、工艺数据的系统初始化工作。

学习情景1：工厂建模

姓名　　　　班级　　　　日期　　　　任务页-1

## 学习情景1：工厂建模

**学习任务描述**

工厂、车间、机组是制造企业的生产结构单元，在使用MES系统时，首先需要通过MES系统内的工厂建模功能，建立与实际工厂一致的生产结构单元，进而方便对企业进行管理。简单来说，就是通过工厂建模功能，来显示与管理企业内的系统架构。比如一
工厂建模
个企业有多少个工厂，每个工厂下又有多少个车间，每个车间有多少个机组，每个机组包含哪些人员、设备，可生产哪些设备与工件等，都可通过工厂建模功能来进行统一管理。

工厂是一个生产企业的生产工厂，是最大的生产单元。每一工厂包含若干车间，每一车间又视情况包含若干机组，每一机组由一台或多台设备组成。

通过工厂建模，可绑定工厂、车间、机组和设备之间的关系，建立清晰的组织架构，便于对企业的管理。

**学习目标**

通过讲解生产车间管理知识，同时演示Jridge-MES系统的工厂建模模块，使学生掌握企业生产基础数据的相关知识，掌握在Jridge-MES系统中进行创建和维护企业生产车间、机组、产线及其所对应的人员、设备、工序，并根据产品BOM匹配产品与机组的对应关系。

1. 学会从整体的角度了解企业车间组织架构，业务运行基础数据构成；
2. 学会在MES系统中进行工厂建模；
3. 通过小组合作，学会用MES进行工厂建模基础数据录入与导入工作，培养团队协作精神。

**任务书**

主要学习在MES系统中实现某汽车锻造公司的车间级工厂建模工作。图2-1-1是某汽车锻造总公司的整体组织架构图，图2-1-2是公司的工厂建模图。我们在MES系统中，需要完成如图2-1-2所示的工厂建模任务。

## 学习情景1：工厂建模

| 姓名 | 班级 | 日期 | 任务页-2 |

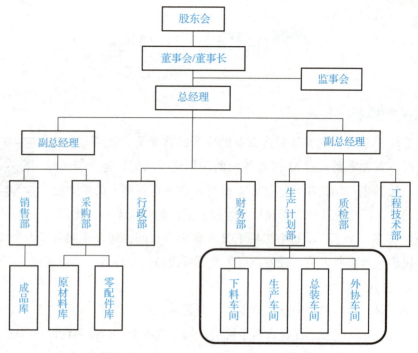

图 2-1-1　某汽车锻造总公司组织结构图

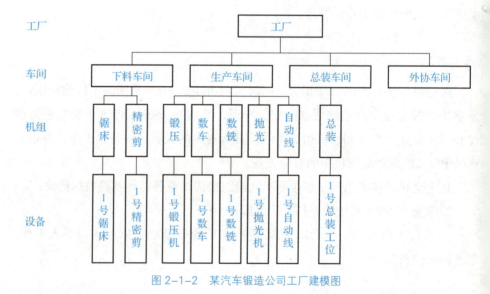

图 2-1-2　某汽车锻造公司工厂建模图

**任务分组**

项目实施时，分为4~6组。

设置1名数据管理员，负责整理整个系统工厂建模数据。

设置5~6名工厂建模数据信息收集员，分别负责整理工厂的各个车间的

### 学习情景 1：工厂建模

姓名　　　　班级　　　　日期　　　　任务页-3

机组与设备情况。

每个车间有不同的机组，每个机组有多台设备，通过小组讨论，整理完善工厂建模的各个基础数据信息。

每人都有明确的任务分工，每位小组成员分别代表不同的生产车间，小组成员需要了解并掌握各个车间存在的机组与设备的用途及基本信息等内容，模拟数字工厂的 MES 工厂建模过程。注意培养学生的团队协作能力。学生任务分组表见表 2-1-1。

表 2-1-1　学生任务分组表

| 班级 |  | 组号 |  | 任务 |  |
|---|---|---|---|---|---|
| 组长 |  | 学号 |  | 指导老师 |  |
| 组员 | 学号 | | 角色指派 | | 备注 |
|  |  | | | | |
|  |  | | | | |
|  |  | | | | |
|  |  | | | | |
|  |  | | | | |
|  |  | | | | |
|  |  | | | | |

## 学习情景 1：工厂建模

姓名　　　　　班级　　　　　日期　　　　　信息页-1

### 获取信息

❓ 引导问题 1：自主学习制造型企业车间管理的基本知识。

❓ 引导问题 2：自主学习制造型企业车间设备的基本知识。

❓ 引导问题 3：查阅资料，你能说出制造型企业车间都有哪些设备？它们的功能分别是什么？

❓ 引导问题 4：你能根据图 2-1-2 中涉及的生产设备，说出产品挡把的生产工艺过程吗？

❓ 引导问题 5：思考如何在 MES 系统中完成工厂建模任务？

❓ 引导问题 6：工厂建模录入的数据对 MES 系统的执行有哪些作用？

## 学习情景 1：工厂建模

姓名　　　　班级　　　　日期　　　　计划页–1　　　

**工作计划**

按照任务书要求和获取的信息，把图 2-1-2 工厂建模的数据录入到系统中。在表 2-1-2 中进行任务角色分派。

表 2-1-2　角色扮演表

| 步骤 | 工作内容 | 角色 | 负责人 |
|---|---|---|---|
| | | | |
| | | | |
| | | | |
| | | | |
| | | | |
| | | | |
| | | | |

❓ 引导问题 7：你知道车间的定义吗？

❓ 引导问题 8：你知道机组的定义吗？机组和设备的关系是什么？

❓ 引导问题 9：添加机组时，主要关注的机组参数是什么？

❓ 引导问题 10：设备的主要功能是什么？

 小提示：

所有人员都要学会使用 MES 的 PC 端软件和移动终端。

## 学习情景 1：工厂建模

| 姓名 | 班级 | 日期 | 实施页-1 |

### 工作实施

按以下步骤实施：

（1）创建车间

系统产线搭建使用网页端【工厂建模】模块。

图 2-1-3　网页端工厂建模入口

编制车间名称及描述，根据企业实际生产情况，分为四个车间如表 2-1-3 所示：

表 2-1-3　车间列表

| 序号 | 车间名称 | 描述 | 车间编码 |
| --- | --- | --- | --- |
| 1 | 下料车间 | 负责原材料的粗加工，主要包括锯床和精密剪两种类型设备 | 01 |
| 2 | 生产车间 | 负责半成品的加工生产，主要包括锻压、数车、数铣、抛光、自动线等类型设备 | 02 |
| 3 | 总装车间 | 负责半成品杆和手柄的组装 | 03 |
| 4 | 外协车间 | 负责部分工序的委外加工 | 04 |

操作步骤：将车间维护到系统中，在工厂建模中点击新增，创建。由组长新建。如图 2-1-4 所示。

（2）新建机组

1）下料车间机组列表如表 2-1-4 所示；

2）生产车间机组列表如表 2-1-5 所示；

3）总装车间机组列表如表 2-1-6 所示。

操作步骤：将机组维护到系统中，在车间列表中选中对应车间，单击新增，创建机组。由组长新建。如图 2-1-5 所示。

## 学习情景 1：工厂建模

| 姓名 | 班级 | 日期 | 实施页-2 |
|---|---|---|---|

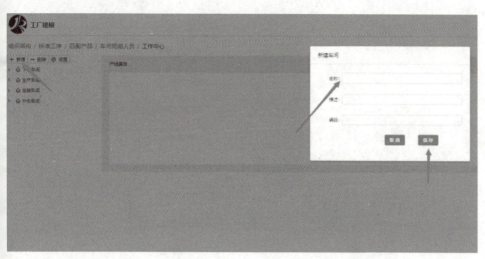

图 2-1-4　车间新增界面

表 2-1-4　下料车间机组列表

| 序号 | 机组名称 | 班次 | 工序 | 描述 | 机组编码 |
|---|---|---|---|---|---|
| 1 | 锯床 | 白班 | 锯 | 负责将原材料圆钢材锯成短钢材 | 01 |
| 2 | 精密剪 | 白班 | 剪 | 负责将原材料钛剪为钛短料 | 02 |

表 2-1-5　生产车间机组列表

| 序号 | 机组名称 | 班次 | 工序 | 描述 | 机组编码 |
|---|---|---|---|---|---|
| 1 | 自动化线 | 白班 | 自动化线 | 自动化流水线加工 | 03 |
| 2 | 锻压机 | 白班 | 锻压 | 锻压 | 04 |
| 3 | 数控车床 | 白班 | 车 | 车 | 05 |
| 4 | 数控铣床 | 白班 | 铣 | 铣 | 06 |
| 5 | 抛光机 | 白班 | 抛光 | 抛光 | 07 |

表 2-1-6　总装车间机组列表

| 序号 | 机组名称 | 班次 | 工序 | 描述 | 机组编码 |
|---|---|---|---|---|---|
| 1 | 总装 | 白班 | 总装 | 将手柄和杆组装成挡把 | 08 |

学习情景 1：工厂建模

姓名　　　　班级　　　　日期　　　　实施页–3

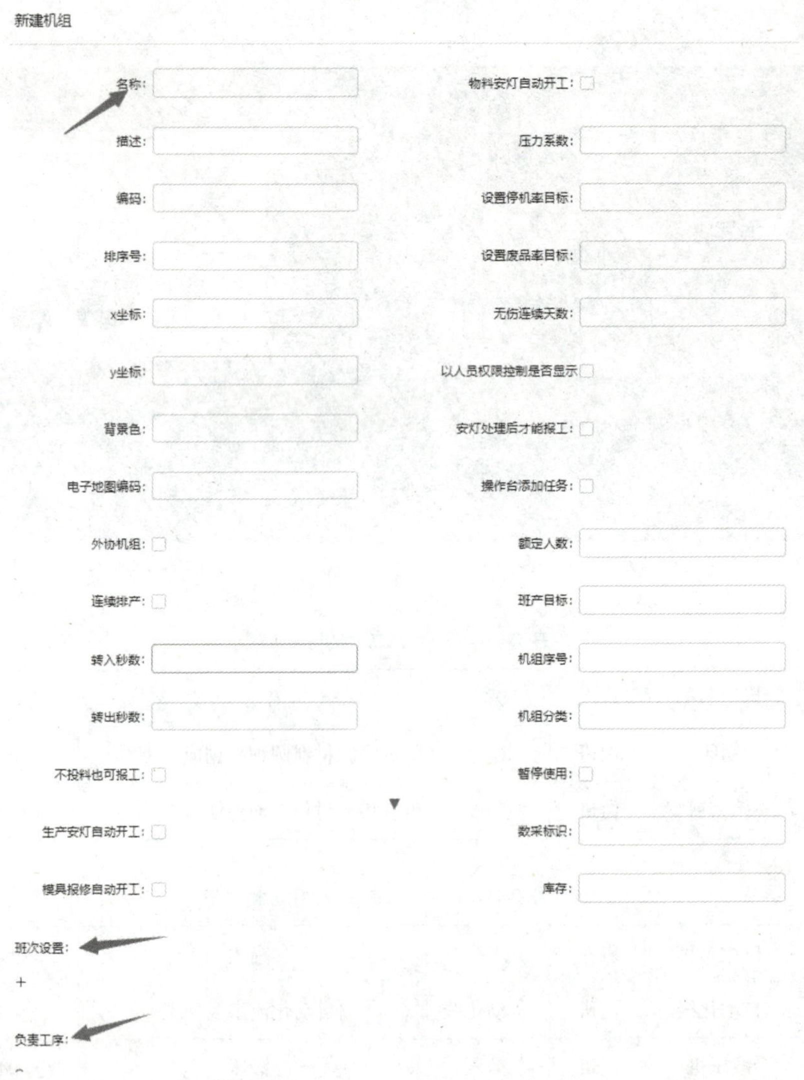

图 2-1-5　机组新增界面

班次设置：设置机组工作时间。如图 2-1-6 所示。

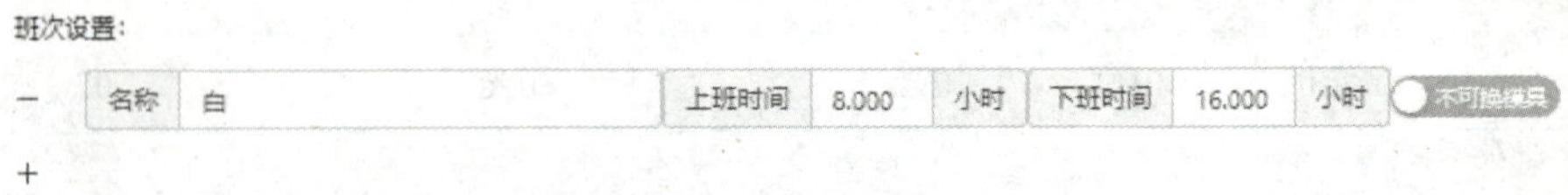

图 2-1-6　班次设置界面

负责工序：需要从已维护好的工序中进行选择。如图 2-1-7 所示。
（3）新建设备
设备清单，如表 2-1-7 所示。

## 学习情景 1：工厂建模

| 姓名 | 班级 | 日期 | 实施页-4 |

图 2-1-7　机组关联工序界面

表 2-1-7　所有设备清单

| 序号 | 机组名称 | 设备名称 | 设备编码 |
| --- | --- | --- | --- |
| 1 | 锯床 | 1号锯床 | JC-01 |
| 2 | 精密剪 | 1号精密剪 | JMJ-01 |
| 3 | 自动化线 | 1号自动化线 | ZDHX-01 |
| 4 | 锻压机 | 1号锻压 | DYJ-01 |
| 5 | 数控车床 | 1号数车 | SKC-01 |
| 6 | 数控铣床 | 1号数铣 | SKX-01 |
| 7 | 抛光机 | 1号抛光 | PGJ-01 |
| 8 | 总装 | 1号总装 | ZJ-01 |

操作步骤：运行 MES 系统客户端，单击"设备管理菜单"，打开"设备清单"界面。这个界面可以对车间的所有设备进行维护，其中包括设备的基本信息，如设备名称、设备编码、规格型号、制造厂、制造日期等内容，用于对设备基本信息的管理。如图 2-1-8 所示。

学习情景1：工厂建模

| 姓名 | 班级 | 日期 | 实施页-5 |

系统提供了新增输入与导入 EXCEL 模板两种方式进行设备信息录入。

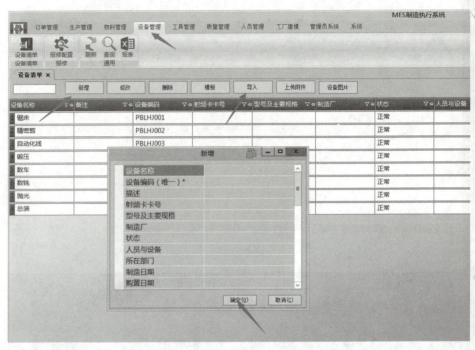

图 2-1-8　设备新增界面

（4）添加机组设备

在网页端，点击工厂建模，组织架构，选中车间下的机组，每个人将新增的设备维护在各自新建的机组上，每个机组添加一个设备。如图 2-1-9 所示。

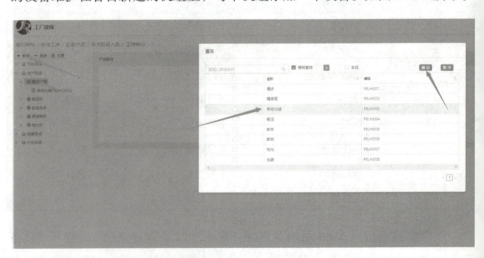

图 2-1-9　机组关联设备界面

**学习情景 1：工厂建模**

姓名　　　　班级　　　　日期　　　　检查页-1

### 检查验收

根据各小组在 MES 中工厂建模任务的完成情况，按照验收标准进行检查验收和评价，并将验收问题、整改措施及完成时间进行记录。验收标准及评分表见表 2-1-8，验收过程问题记录表见表 2-1-9。

表 2-1-8　验收标准及评分表

| 序号 | 验收项目 | 验收标准 | 分值 | 教师评分 | 备注 |
|---|---|---|---|---|---|
| 1 | 新增车间 | 按任务要求完成车间新增 | | | |
| 2 | 新增机组 | 按任务要求完成机组新增 | | | |
| 3 | 新增设备 | 按任务要求完成设备新增 | | | |
| 4 | 设置班次 | 按任务要求完成班次设置 | | | |
| 5 | 设置工序 | 机组关联工序完成 | | | |
| | 合计 | | 100 | | |

表 2-1-9　验收过程问题记录表

| 序号 | 验收问题记录 | 整改措施 | 完成时间 | 备注 |
|---|---|---|---|---|
| | | | | |
| | | | | |
| | | | | |
| | | | | |

学习情景1：工厂建模

| 姓名 | | 班级 | | 日期 | | 评价页-1 |

### 评价反馈

各组展示作品，介绍任务的完成过程并提交阐述材料，进行学生自评、学生组内互评、教师评价，完成考核评价表。考核评价表见表2-1-10。

表2-1-10 考核评价表

| 评价项目 | 评价内容 | 分值 | 自评 20% | 互评 20% | 师评 60% | 合计 |
|---|---|---|---|---|---|---|
| 职业素养 40分 | 爱岗敬业，安全意识、责任意识、服从意识 | 10 | | | | |
| | 积极参加任务活动，按时完成工作页 | 10 | | | | |
| | 团队合作、交流沟通能力，集体主义精神 | 10 | | | | |
| | 劳动纪律，职业道德 | 5 | | | | |
| | 现场6s标准，行为规范 | 5 | | | | |
| 专业能力 60分 | 专业资料检索能力，中外品牌分析能力 | 10 | | | | |
| | 制订计划能力，严谨认真 | 10 | | | | |
| | 操作符合规范，精益求精 | 15 | | | | |
| | 工作效率，分工协作 | 10 | | | | |
| | 任务验收质量，质量意识 | 15 | | | | |
| | 合计 | 100 | | | | |
| 创新能力 加分20 | 创新性思维和行动 | 20 | | | | |
| | 总计 | 120 | | | | |
| | 教师签名： | | | 学生签名： | | |

❓ 引导问题11：在本次完成任务的过程中，给你印象最深的是哪件事？自己的职业能力有哪些明显提高？

❓ 引导问题12：你对MES工厂建模了解了多少？还想继续学习关于MES的哪些内容？

## 学习情景 1：工厂建模

姓名　　　　班级　　　　日期　　　　知识页-1

**拓展知识**

企业的组织结构：一个企业包括一个或者多个工厂，工厂又细化分割为不同的部门组织，组织则被定义为拥有不同工作职能的业务实体。如图 2-1-10 所示。

图 2-1-10　企业架构图

1）部门（车间）：企业内部组织生产的基本单位。

2）班组：在劳动分工的基础上，把生产过程中相互协同的同工种、相近工种或不同工种工人组织在一起，从事生产活动的一种组织，是企业中基本作业单位。

3）班次：班次是生产加工过程中，用来安排一个生产单元（人、机器等）工作的时间段和时间顺序，是排产和能力计算的基本数据。如早班、晚班。

4）班制：不同的企业有着不同的工作班制度，有的实行单班制，有的实行多班制。在一个企业内部，不同的车间工作班制也不相同，有单班制、有多班制、也有混合班制。一个车间要采用什么样的工作班制，要根据生产的工艺特点、生产任务的大小、人员情况、经济效果和其他有关生产条件来决定。班制功能定义工厂工人、设备等的具体的工作时间以及每天有几个班次进行生产加工活动，是排产和能力计算的基本数据。

5）人员：参与车间生产的人员。

6）产线：用于生产某种产品的物理产线。

7）工作中心：用于生产产品的生产单元，包括机器、人和设备，是各种生产或者加工单元的总称。

8）设备：用于车间生产的生产设备。

设备资源是企业进行生产的主要物质技术基础，企业的生产率、产品质量、生产成本都与设备的技术水平直接相关。根据企业生产实际情况以及业务流程规划每一个工作中心的设备资源分配，包括产量、生产节奏、维护计划、状态监控规则、故障诊断机制、设备数据采集与分析方

## 学习情景1：工厂建模

| 姓名 | 班级 | 日期 | 知识页-2 |

法等。

9）物料：用于生产产品的物料。

10）工厂日历：工厂日历是在自然日历的基础上删除非工作日后按顺序编排的日历，是MES系统特有的日历。工厂日历是计算主生产计划、物料需求计划、能力计划与工序计划等的基础资料，对系统运行结果有重大影响。

## 学习情景2：人员管理

### 学习情景2：人员管理

**学习任务描述**

主要完成某汽车零件锻造企业 MES 系统的人员角色权限等相关基础数据初始化工作，为 MES 系统正常运行提供人员数据支撑。

**学习目标**

1. 学会从整体的角度，了解企业车间组织人员架构，对制造类企业车间人员及角色进行认知；
2. 学会在 MES 系统中进行人员、角色与权限的管理工作；
3. 使学生对企业车间各个工作岗位进行认知与了解，熟悉所学专业从事工作岗位的工作内容；
4. 通过小组合作培养团队协作精神。

**任务书**

本公司内有各业务部门管理人员、财务人员、统计员、采购员、销售员、计划员、生产班组长、工人、质检员、库管员、设备员等多种角色，不同角色具有不同的职责与权限，在操作 MES 时，需要具有不同功能的显示界面。因此，本任务需要通过工厂建模的人员管理与角色管理功能，创建不同的人员账号，并为该人员分配角色，为每个角色赋予不同的权限。

**任务分组**

项目实施时，分为 4~6 组。

设置 1 名数据整理人员，负责整理整个人员、角色与权限的数据整理工作。

设置 1 名数据录入人员，负责整理整个数据的录入工作。

设置 4~5 名数据收集员，分别负责各个业务部门以及车间人员基础信息的收集工作。

除以上分工之外，另有几人分别代表生产设计部门人员、车间管理人员、

学习情景 2：人员管理

| 姓名 | | 班级 | | 日期 | | 任务页-2 | |

仓库管理人员、车间操作人员、质检员，模拟数字工厂的 MES 人员。注意培养学生的团队协作能力。学生任务分组表见表 2-2-1。

表 2-2-1　学生任务分组表

| 班级 | | 组号 | | 任务 | |
|---|---|---|---|---|---|
| 组长 | | 学号 | | 指导老师 | |
| 组员 | 学号 | 角色指派 | | | 备注 |
| | | | | | |
| | | | | | |
| | | | | | |
| | | | | | |
| | | | | | |
| | | | | | |
| | | | | | |

学习笔记

## 学习情景 2：人员管理

姓名　　　　班级　　　　日期　　　　信息页-1

**获取信息**

? 引导问题 1：自主学习企业管理人员、角色、权限的基本知识。
_____
_____

? 引导问题 2：你知道工厂加工过程会涉及哪些部门吗？
_____
_____

? 引导问题 3：每个部门有哪些工作人员？他们的工作任务是什么？
_____
_____

? 引导问题 4：在 MES 系统怎样进行人员、角色与权限的管理工作？
_____
_____

? 引导问题 5：通过小组讨论与协作，完成人员基本信息的收集，如表 2-2-2 所示填写表 2-2-3。

样表：

表 2-2-2　人员角色样表

| 员工号 | 姓名 | 角色 | 工作内容 |
| --- | --- | --- | --- |
| 001 | 张三 | 工序质检员 | 对各个车间的在制品进行工序检验 |
| 002 | 李四 | 半成品质检员 | 对各个车间的半成品进行质检 |
| 003 | 赵五 | 原材料质检员 | 对原材料进行质检 |
| 004 | 张四 | 车间计划员 | 制订车间生产计划 |
| 005 | 张五 | 车间操作工 | 接收计划进行生产 |
| 006 | 张六 | 库管员 | 半成品、成品入库 |
| …… | …… | …… | …… |

学习情景 2：人员管理

姓名　　　　　班级　　　　　日期　　　　　信息页-2

表 2-2-3　人员角色表

| 员工号 | 姓名 | 角色 | 工作内容 |
|---|---|---|---|
|  |  |  |  |
|  |  |  |  |
|  |  |  |  |
|  |  |  |  |
|  |  |  |  |
|  |  |  |  |
|  |  |  |  |
|  |  |  |  |

| 学习情景 2：人员管理 | | | |
|---|---|---|---|
| 姓名 | 班级 | 日期 | 计划页-1 |

**工作计划**

按照任务书要求和获取的信息，根据每个人员的角色不同，创建用户，创建角色，为用户分配角色，为角色分配权限。填写表 2-2-4。

表 2-2-4 人员、角色与权限表

| 员工号 | 姓名 | 角色 | MES 权限 |
|---|---|---|---|
|  |  |  |  |
|  |  |  |  |
|  |  |  |  |
|  |  |  |  |
|  |  |  |  |
|  |  |  |  |
|  |  |  |  |
|  |  |  |  |

❓ 引导问题 6：你知道质检员可以分为哪几种吗？

❓ 引导问题 7：你知道质检员需要哪些 MES 系统权限吗？

❓ 引导问题 8：你知道车间生产计划是由谁来制定吗？

❓ 引导问题 9：你知道计划员需要哪些 MES 系统权限吗？

❓ 引导问题 10：你知道库管员需要哪些 MES 系统权限吗？

学习情景 2：人员管理

| 姓名 | 班级 | 日期 | 计划页 –2 |

❓ 引导问题 11：你知道车间操作工需要哪些 MES 系统权限吗？
_____
_____

❓ 引导问题 12：你知道车间主任需要哪些 MES 系统权限吗？
_____
_____

 小提示：

所有人员都要学会使用 MES 的 PC 端软件和移动终端。

学习情景 2：人员管理

姓名　　　　班级　　　　日期　　　　实施页-1

**工作实施**

根据工作计划已完成的信息整理汇总，开始在 MES 系统中进行人员、角色与权限的设置工作。

## 一、创建用户

1. 网页端登录后，点击模块配置。如图 2-2-1 所示。

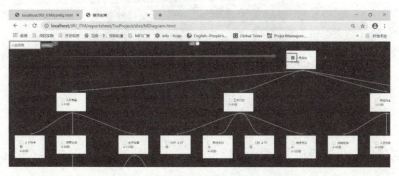

图 2-2-1　网页登录模块配置界面

选中人员管理后，保存修改。

2. 登录客户端

使用系统管理员账户 system，密码 system，登录 MES 系统客户端。如图 2-2-2 所示。

选择"人员管理"菜单，单击"人员设置"打开创建用户界面，单击"新增"按钮，添加用户。如图 2-2-3 所示。

图 2-2-2　客户端登录界面

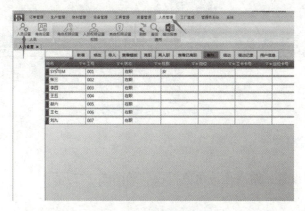

图 2-2-3　人员设置界面

学习情景2：人员管理

| 姓名 | 班级 | 日期 | 实施页–2 |

新增用户界面：在界面中可以输入整体使用MES系统的用户基本信息，如姓名、工号、状态、性别、岗位、部门等基本信息。如图2-2-4所示。

图2-2-4 新增用户界面

## 二、创建角色

创建角色【质检员】，并分配人员张三。如图2-2-5，图2-2-6所示。

图2-2-5 角色设置界面

图2-2-6 角色新增界面

## 三、权限设置

角色权限设置：给质检员角色授权。如图2-2-7所示。

学习情景 2：人员管理

姓名　　　　班级　　　　日期　　　　实施页–3

图 2-2-7　角色授权界面

人员权限设置：是针对用户进行权限的再分配。用户默认会拥有所属角色的所有权限，根据企业管理需求，可以进行用户权限的再分配。对整理好的所有用户进行授权，完成后使用新用户登录查看权限。

学习情景2：人员管理

| 姓名 | 班级 | 日期 | 检查页-1 |

**检查验收**

根据各小组在MES中人员、角色与权限管理任务完成情况，按照验收标准进行检查验收和评价，包括创建用户是否正确，创建角色是否正确，为角色分配权限是否正确，为用户分配角色是否正确。最终使用各个用户登录MES系统的客户端与网页端，验证该用户的权限是否正确。并将验收问题、整改措施及完成时间进行记录。验收标准及评分表见表2-2-5，验收过程问题记录表见表2-2-6。

表2-2-5 验收标准及评分表

| 序号 | 验收项目 | 验收标准 | 分值 | 教师评分 | 备注 |
| --- | --- | --- | --- | --- | --- |
| 1 | 创建用户 | | | | |
| 2 | 创建角色 | | | | |
| 3 | 角色授权 | | | | |
| 4 | 用户分配角色 | | | | |
| 5 | 登录验证 | | | | |
| | 合计 | | 100 | | |

表2-2-6 验收过程问题记录表

| 序号 | 验收问题记录 | 整改措施 | 完成时间 | 备注 |
| --- | --- | --- | --- | --- |
| | | | | |
| | | | | |
| | | | | |
| | | | | |

## 学习情景 2：人员管理

| 姓名 | 班级 | 日期 | 评价页–1 |

 **评价反馈**

各组展示用户角色与权限，介绍任务的完成过程并提交阐述材料，进行学生自评、学生组内互评、教师评价，完成考核评价表。考核评价表见表 2-2-7。

表 2-2-7　考核评价表

| 评价项目 | 评价内容 | 分值 | 自评 20% | 互评 20% | 师评 60% | 合计 |
|---|---|---|---|---|---|---|
| 职业素养 40 分 | 爱岗敬业，安全意识、责任意识、服从意识 | 10 | | | | |
| | 积极参加任务活动，按时完成工作页 | 10 | | | | |
| | 团队合作、交流沟通能力、集体主义精神 | 10 | | | | |
| | 劳动纪律，职业道德 | 5 | | | | |
| | 现场 6s 标准，行为规范 | 5 | | | | |
| 专业能力 60 分 | 专业资料检索能力，中外品牌分析能力 | 10 | | | | |
| | 制订计划能力，严谨认真 | 10 | | | | |
| | 操作符合规范，精益求精 | 15 | | | | |
| | 工作效率，分工协作 | 10 | | | | |
| | 任务验收质量，质量意识 | 15 | | | | |
| | 合计 | 100 | | | | |
| 创新能力 加分 20 | 创新性思维和行动 | 20 | | | | |
| | 总计 | 120 | | | | |
| | 教师签名： 学生签名： | | | | | |

❓ **引导问题 13**：在本次完成任务的过程中，给你印象最深的是哪件事？自己的职业能力有哪些明显提高？

❓ **引导问题 14**：你对企业人员角色了解了多少？还想继续学习关于企业管理方面的哪些内容？

| 学习情景 2：人员管理 ||||
|---|---|---|---|
| 姓名 | 班级 | 日期 | 评价页 –2 |

❓ 引导问题 15：你对 MES 人员管理了解了多少？还想继续学习关于 MES 的哪些内容？

_____

_____

| 学习情景 2：人员管理 | | | |
|---|---|---|---|
| 姓名 | 班级 | 日期 | 知识页-1 |

拓展知识

　　某汽车锻造总公司实施董事会领导下的总经理负责制。其组织结构采用的是典型的职能制组织结构。公司日常经营管理由总经理统一领导并负责。公司设销售部、采购部、行政部、财务部、生产计划部、质检部、工程技术部等职能管理部门，以及按工序划分的下料车间、生产车间、总装车间、外协车间等。如图 2-2-8 所示。

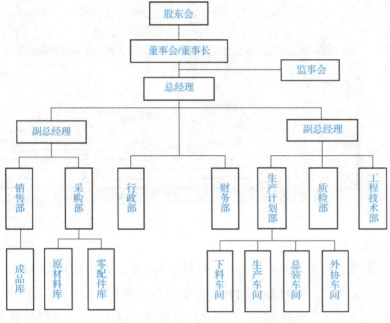

图 2-2-8　汽车锻造总公司组织结构图

　　**员工**：是生产制造过程中重要的基础性单元，也是最重要的生产要素，不同员工在生产制造过程中充当的角色不同，要完成的生产内容也不同。

　　**角色**：MES 系统就是根据不同角色、工种来划分系统权限的，制订完善的人员分配与调度计划。

　　**权限**：根据员工的角色规划不同的系统权限，根据参数设定区分员工的角色和能力，可根据信息制定完善的人员分配和调度计划。

　　**人员、角色与权限管理**

　　一间工厂内有部长、财务、统计员、采购员、计划员、班组长、工人、质检员等多种角色，不同角色具有不同的职责与权限，在操作 MES 时，需要具有不同的功能显示界面。因此，通过工厂建模的人员管理与角色管理功能，可创建不同的人员账

人员设置与
角色设置

## 学习情景2：人员管理

| 姓名 | 班级 | 日期 | 知识页-2 |

号，并为该人员分配角色，并为每个角色赋予不同的权限。

### 1. 人员设置

人员设置功能主要用于建立人员账户。每一个新入职的人员，都需要在系统内新建一个人员账户，每一个离职人员，都需要在系统中进行离职操作。

在人员新增时，可对人员的姓名、工号、性别、状态、部门、入职时间等进行设置，确认添加后，即创建了一个新的人员账户。人员账户的创建支持系统内手动创建，以及外部导入 EXCEL 进行批量创建。如图 2-2-9 所示。

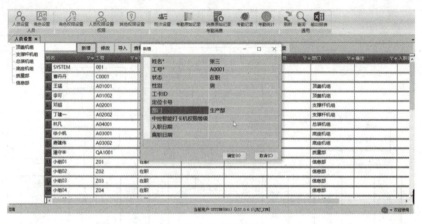

图 2-2-9 人员创建

### 2. 角色管理

一个企业会有很多种角色，在一般制造企业中，有厂长、车间主任、班组长、工人、质检员、统计员、物料管理员等多种角色。在 MES 系统内，可根据不同的需求建立不同的角色，角色名称及等级可以自定义，无硬性要求。

建立好角色后，只要将上一步我们建立好的人员与角色进行绑定，即可赋予该人员此种角色。如图 2-2-10 所示。

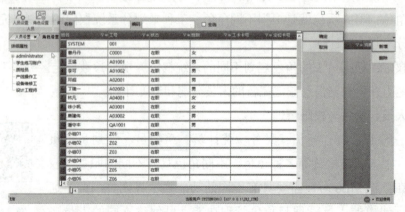

图 2-2-10 角色创建

## 学习情景 2：人员管理

| 姓名 | 班级 | 日期 | 知识页 –3 |

工厂内常见角色：

销售人员：确认订单，录入合同（产品名称、产品数量、交付日期）；

设计人员：完成订单所需产品的设计，输出三维模型或二维图纸，进行设计理论计算（包括 CAE），整理设计 BOM；

工艺人员：根据设计清单和图纸，对自制件进行工艺路线编制，生成工艺卡片，编制作业指导书，定义每道工序的工时；

主计划人员：通常为计划部领导，编制年度计划和月度计划，对企业整体生产进度安排进行宏观指导；

计划部调度人员：针对具体项目进行计划调度，生成可以指导生产现场的工单；

外协计划人员：对生产订单中的外协件进行跟踪，保障外协件质量和交货期；

车间调度人员：负责对整个车间计划和执行进行管控，可以对车间工人进行二次派工；

车间班组长：通常一个加工班组 10 来人，班组长负责管理，可以对分配到班组的计划进行二次派工，有时也负责整个班组的报工；

车间工人：根据工单，参照发来的图纸和工艺进行生产，完成后进行报工；

质检人员：编制检验大纲和计划，对工人生产出来的半成品和产品进行检验，判定合格与不合格。

### 3. 权限管理

权限管理是指对人员或者角色赋予指定的权限，使其拥有特殊的系统使用能力的功能。权限管理具有两种授予方式，一种是按角色授予权限，一种是按人员授予权限。

人员权限管理

按角色授权是指对该角色及该角色下所有的人员进行统一授权，该角色下的所有人都具有相同的权限。当有新的人员授予该角色时，则同步享有该角色下的所有权限。同样，当该角色下人员离开，不再授予此角色后，该人员同样将失去该角色下的所有权限。通过角色授权方式，无须考虑人员，只需对角色进行限制即可，减轻权限管理的难度。

按人员授权是指对该人员进行权限分配，且其权限不受其他人员或角色权限的影响。按人员授权适用于人员数量较少时使用，否则其工作量较大。或搭配按角色授权使用，只对特殊人员进行按人员授权。如图 2-2-11 所示。

学习情景2：人员管理

| 姓名 | 班级 | 日期 | 知识页–4 |

图 2-2-11　人员角色绑定

学习情景3：工艺管理

| 姓名 | 班级 | 日期 | 任务页-1 |

### 学习情景3：工艺管理

**学习任务描述**

创建和维护工艺数据，是计划排产和生产的先决条件。工艺数据主要包括标准工序编制、工艺BOM（Bill of Material 物料清单）管理、工艺参数、替代料更换、工艺路线管理、工时定额维护、材料定额维护、质检指标维护、质检参数等。

本任务主要完成某汽车零件锻造公司MES系统的产品工艺基础数据初始化工作，为MES系统正常运行提供工艺基础数据支撑。

**学习目标**

1. 了解制造型企业的产品工艺数据都由哪些部分构成，了解每个工艺数据的编制方法；

2. 学会在MES系统中进行产品工艺数据录入；

3. 通过小组合作，学会用MES进行产品工艺基础数据录入与导入工作，培养团队协作精神；

4. 通过产品工艺数据的收集与录入工作，理解产品工艺数据信息对企业生产排产与执行的指导性作用；

5. 熟悉企业产品工艺数据管理方法，提升学生对制造型企业相关岗位技能要求的认知能力。

**任务书**

本案例以汽车挡把为生产产品，实样照片如图2-3-1所示。

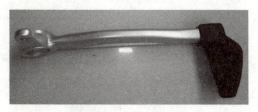

图2-3-1 汽车挡把结构图

## 学习情景 3：工艺管理

| 姓名 | 班级 | 日期 | 任务页-2 |

本任务需要将此产品的工艺数据录入到系统中。工艺数据包括：
1. 涉及此产品的所有物料信息（原材料、半成品、成品）；
2. 生产此产品的所有工序数据；
3. 此产品的 BOM（物料清单）数据；
4. 此产品的生产工艺路径。

### 任务分组

项目实施时，分为 4~6 组。

设置 1 名数据管理员，负责整理整个产品的工艺相关数据。

设置 5~6 名工艺数据信息收集员，分别负责收集各项产品工艺信息数据情况。

每人都有明确的任务分工，每位小组成员分别代表不同的工艺设计人员，负责收集工艺数据，小组成员需要了解并掌握产品工艺数据组成与具体要求，模拟数字工厂的工艺数据收集过程。注意培养学生的团队协作能力。学生任务分组表见表 2-3-1。

表 2-3-1　学生任务分组表

| 班级 | | 组号 | | 任务 | |
|---|---|---|---|---|---|
| 组长 | | 学号 | | 指导老师 | |
| 组员 | 学号 | 角色指派 | | | 备注 |
| | | | | | |
| | | | | | |
| | | | | | |
| | | | | | |
| | | | | | |
| | | | | | |

## 学习情景3：工艺管理

姓名　　　　班级　　　　日期　　　　信息页–1

 学习笔记

### 获取信息

❓ 引导问题1：自主学习产品工艺管理基本知识。

❓ 引导问题2：了解产品工艺相关的概念，例如工序、工艺路线、产品BOM、图纸等。

❓ 引导问题3：查阅资料，思考如何设计此产品的工艺路线？

❓ 引导问题4：查阅资料，思考从原材料到半成品，再到成品的过程需要经过哪些道工序？这些工序都完成了什么工作？

❓ 引导问题5：工序中的关键数据是什么？生产计划人员关注什么数据？车间操作工关注什么数据？质检人员关注什么数据？

❓ 引导问题6：对这些关键的工艺数据怎么在MES系统中录入？

❓ 引导问题7：工艺基础数据对MES系统的计划与执行有哪方面的影响？

学习情景3：工艺管理

| 姓名 | 班级 | 日期 | 计划页-1 |

按照任务书要求和获取的工艺数据信息，分别录入到MES系统中。在表2-3-2中进行任务角色分派。

表 2-3-2　角色扮演表

| 步骤 | 工作内容 | 角色 | 负责人 |
| --- | --- | --- | --- |
|  |  |  |  |
|  |  |  |  |
|  |  |  |  |
|  |  |  |  |
|  |  |  |  |
|  |  |  |  |
|  |  |  |  |

❓ 引导问题8：你知道工艺数据都包含哪些吗？
_____
_____

❓ 引导问题9：你知道MES系统都需要将哪些工艺数据录入到系统吗？
_____
_____

❓ 引导问题10：工艺数据对生产计划有何作用？
_____
_____

❓ 引导问题11：是不是所有的工艺数据都能录入到系统？哪些是无法录入到系统中的？
_____
_____

❓ 引导问题12：有些工艺数据存储在其他系统，例如PDM、PLM系统，你了解这些系统吗？如果工艺数据存储在其他系统，如何将其导入到MES系统并进行使用？
_____
_____

## 学习情景3：工艺管理

| 姓名 | 班级 | 日期 | 实施页-1 |

### 工作实施

如图2-3-2所示，这是制造一个成品挡把的产品BOM，根据这个分解图，我们可以清晰地了解到此产品的相关工艺基础信息。

图2-3-2　产品BOM（物料清单）

### 一、添加物料数据

物料数据是一个MES系统运行的最基本数据，系统中的订单管理、生产管理、质量管理、物流管理、库存管理、质检管理等都需要由物料信息来支撑，所以系统初始化时就应该将物料进行仔细归类、编码、组织物料基础数据。

公司内部物料分为产成品、半成品和原材料三大类。物料清单，如表2-3-3所示。

表2-3-3　物料清单

| 物料名称 | 物料编码 | 个数 | 计量单位 | 物料属性 |
| --- | --- | --- | --- | --- |
| 挡把 | dangba01 | 1 | 个 | 成品 |
| 杆 | gan01 | 1 | 个 | 半成品 |
| 手柄 | shoubing01 | 1 | 个 | 半成品 |
| 钛短料 | tidl01 | 1 | 个 | 半成品 |
| 钢材短料 | ygdl01 | 1 | 个 | 半成品 |
| 钛 | ti01 | 0.033 | kg | 原材料 |
| 圆钢材 | yg01 | 0.046 | kg | 原材料 |

**小提示：**

为使同学们更容易操作系统，物料编码暂时以物料全拼加数字的方式定

学习情景 3：工艺管理

| 姓名 | 班级 | 日期 | 实施页 –2 |

义。真实的企业物料编码需要以一个编码体系来支撑完成，具体可以参考知识页的物料编码内容。

根据物料清单在 MES 系统中添加相应的物料。新增物料步骤如图 2-3-3，图 2-3-4 所示；增加后的原料、半成品、成品信息如图 2-3-5，图 2-3-6，图 2-3-7 所示。

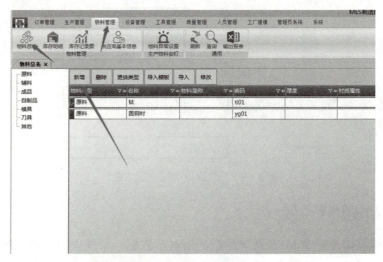

图 2-3-3　物料管理界面

图 2-3-4　新增物料

图 2-3-5　原材料信息

## 学习情景 3：工艺管理

图 2-3-6　半成品（在制品）信息

图 2-3-7　成品信息

## 二、创建标准工序

挡把生产的工艺路线如图 2-3-8 所示，原料"图钢材"在"下料车间"完成"锯床工序"，加工成为半成品（自制品）"钢材短料"，在"机加工车间"完成"锻压—数车—数铣—抛光"工序加工成为半成品（自制品）"手柄"；原料"钛"在"下料车间"完成"精密剪"工序加工成为半成品（自制品）"钛短料"，在"机加工车间"完成"自动线—抛光"工序加工成为半成品（自制品）"杆"；在"总装车间"完成"总装"工序，生产为成品"挡把"。

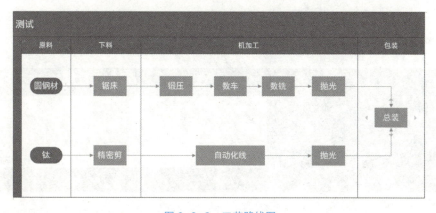

图 2-3-8　工艺路线图

## 学习情景 3：工艺管理

| 姓名 | 班级 | 日期 | 实施页–4 |

挡把生产的标准工序如表 2-3-4 所示。

表 2-3-4  工序表

| 车间名称 | 工序编码 | 工序名称 | 标准工时（秒/件） | 准备时间（秒/件） |
|---|---|---|---|---|
| 下料车间 | 00001 | 锯床 | 18 | 0 |
| | 00002 | 精密剪 | 5 | 0 |
| 生产车间 | 00003 | 锻压 | 15 | 0 |
| | 00004 | 数车 | 5 | 0 |
| | 00005 | 数铣 | 5 | 0 |
| | 00006 | 抛光 1 | 5 | 0 |
| | 00007 | 抛光 2 | 7 | 0 |
| | 00008 | 自动化线 | 10 | 0 |
| 总装车间 | 00009 | 总装 | 1 | 0 |

将以上工序维护到系统中，可以采用新建工序的方式进行维护，也可采用导入 Excel 表的方式进行标准工序的导入工作。如图 2-3-9，图 2-3-10 所示。

图 2-3-9  工序录入界面

图 2-3-10  导入工序界面

## 三、创建产品工艺 BOM

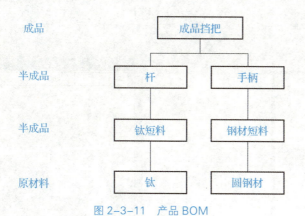

图 2-3-11 产品 BOM

| 结构层 | 物料号 | 图号 | 名称 | 单层数量 | 单位 | 来源类型 | 规格 | 工艺路线 | 组件分配 | 关键物料 |
|---|---|---|---|---|---|---|---|---|---|---|
| 0 | dangba01 | | 挡把 | 1 | 个 | 自制件 | | 总装 | | |
| 1 | gan01 | | 杆 | 1 | 个 | 自制件 | | | 总装 | 1 |
| 1 | shoubing01 | | 手柄 | 1 | 个 | 自制件 | | | 总装 | 1 |

| 结构层 | 物料号 | 图号 | 名称 | 单层数量 | 单位 | 来源类型 | 规格 | 工艺路线 | 组件分配 | 关键物料 |
|---|---|---|---|---|---|---|---|---|---|---|
| 0 | gan01 | | 杆 | 1 | 个 | 自制件 | | 自动化线,抛光 | | |
| 1 | tidl01 | | 钛短料 | 1 | 个 | 自制件 | | | 自动化线 | 1 |

| 结构层 | 物料号 | 图号 | 名称 | 单层数量 | 单位 | 来源类型 | 规格 | 工艺路线 | 组件分配 | 关键物料 |
|---|---|---|---|---|---|---|---|---|---|---|
| 0 | shoubing01 | | 手柄 | 1 | 个 | 自制件 | | 锻压,数车,数铣,抛光 | | |
| 1 | ygdl01 | | 钢材短料 | 1 | 个 | 自制件 | | | 锻压 | 1 |

| 结构层 | 物料号 | 图号 | 名称 | 单层数量 | 单位 | 来源类型 | 规格 | 工艺路线 | 组件分配 | 关键物料 |
|---|---|---|---|---|---|---|---|---|---|---|
| 0 | tidl01 | | 钛短料 | 1 | 个 | 自制件 | | 精密剪 | | |
| 1 | ti01 | | 钛 | 0.033 | kg | 原料 | | | 精密剪 | 1 |

| 结构层 | 物料号 | 图号 | 名称 | 单层数量 | 单位 | 来源类型 | 规格 | 工艺路线 | 组件分配 | 关键物料 |
|---|---|---|---|---|---|---|---|---|---|---|
| 0 | ygdl01 | | 钢材短料 | 1 | 个 | 自制件 | | 锯床 | | |
| 1 | yg01 | | 圆钢材 | 0.046 | kg | 原料 | | | 锯床 | 1 |

图 2-3-12 产品 BOM 表

在 MES 系统客户端中,依照图 2-3-11 所示内容,打开"工厂建模"页面,选择"产品 BOM 界面",依次添加 BOM 清单。也可以在 Excel 中编辑好 BOM 清单,如图 2-3-12 所示,在系统中进行导入。如图 2-3-13,图 2-3-14 所示。

学习情景3：工艺管理

| 姓名 | 班级 | 日期 | 实施页–6 |

 学习笔记

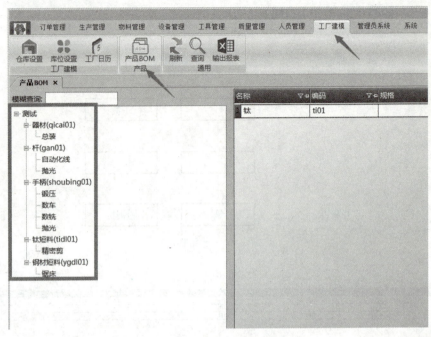

图 2-3-13　产品 BOM 界面

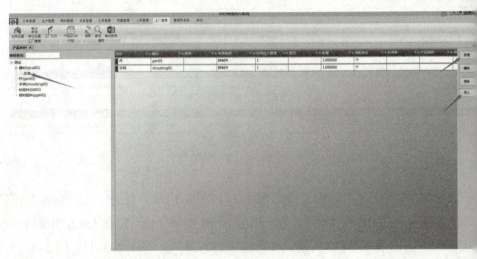

图 2-3-14　产品 BOM 导入界面

## 学习情景 3：工艺管理

姓名　　　　班级　　　　日期　　　　检查页-1

**检查验收**

根据各小组在 MES 中工艺数据任务的完成情况，按照验收标准进行检查验收和评价，包括物料数据、工序数据、产品 BOM 数据、工艺路径数据等，并将验收问题、整改措施及完成时间进行记录。验收标准及评分表见表 2-3-5，验收过程问题记录表见表 2-3-6。

表 2-3-5　验收标准及评分表

| 序号 | 验收项目 | 验收标准 | 分值 | 教师评分 | 备注 |
| --- | --- | --- | --- | --- | --- |
| 1 | 物料数据 | 录入正确 | | | |
| 2 | 工序数据 | 录入正确 | | | |
| 3 | 产品 BOM 数据 | 录入正确 | | | |
| 4 | 工艺路径数据 | 录入正确 | | | |
| | 合计 | | 100 | | |

表 2-3-6　验收过程问题记录表

| 序号 | 验收问题记录 | 整改措施 | 完成时间 | 备注 |
| --- | --- | --- | --- | --- |
| | | | | |
| | | | | |
| | | | | |
| | | | | |

学习情景 3：工艺管理

| 姓名 | 班级 | 日期 | 评价页-1 |

### 评价反馈

各组展示作品，介绍任务的完成过程并提交阐述材料，进行学生自评、学生组内互评、教师评价，完成考核评价表。考核评价表见表 2-3-7。

❓ 引导问题 13：在本次完成任务的过程中，给你印象最深的是哪件事？自己的职业能力有哪些明显提高？

❓ 引导问题 14：你对制造型企业产品工艺管理了解了多少？对 MES 系统的工艺数据了解了多少？

表 2-3-7　考核评价表

| 评价项目 | 评价内容 | 分值 | 自评 20% | 互评 20% | 师评 60% | 合计 |
|---|---|---|---|---|---|---|
| 职业素养 40 分 | 爱岗敬业，安全意识，责任意识，服从意识 | 10 | | | | |
| | 积极参加任务活动，按时完成工作页 | 10 | | | | |
| | 团队合作、交流沟通能力，集体主义精神 | 10 | | | | |
| | 劳动纪律，职业道德 | 5 | | | | |
| | 现场 6s 标准，行为规范 | 5 | | | | |
| 专业能力 60 分 | 专业资料检索能力，中外品牌分析能力 | 10 | | | | |
| | 制订计划能力，严谨认真 | 10 | | | | |
| | 操作符合规范，精益求精 | 15 | | | | |
| | 工作效率，分工协作 | 10 | | | | |
| | 任务验收质量，质量意识 | 15 | | | | |
| | 合计 | 100 | | | | |
| 创新能力 加分 20 | 创新性思维和行动 | 20 | | | | |
| | 总计 | 120 | | | | |
| 教师签名： | | | 学生签名： | | | |

| 姓名 | 班级 | 日期 | 知识页-1 |

### 拓展知识

#### 一、物料编码

物料编码是唯一标识物料的代码，通常用字符串（定长或不定长）或数字表示。物料编码是计算机系统对物料的唯一识别代码。它用一组代码来代表一种物料。物料编码必须是唯一的，也就是一种物料不能有多个物料编码，一个物料编码不能对应多种不同规格的物料。

一般一个企业的物料分为产成品、半成品和原材料三大类。下面就分别说明这三类物料的具体编码规则。

（1）产成品编码规则，如图2-3-15所示。

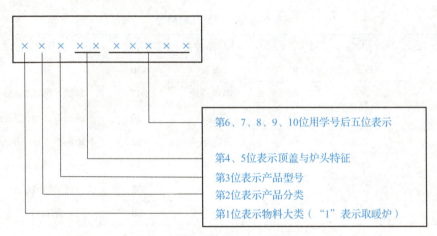

图2-3-15 某产成品——取暖炉的编码规则

具体位数的含义如表2-3-8所示：

表2-3-8 成品物料表

| 第一位 | 物料大类 | 第二位 | 产品大类 | 第三位 | 产品型号 | 第四、五位 | 顶盖与炉头特征 |
|---|---|---|---|---|---|---|---|
| 1 | 取暖炉 | 1 | 户外 | 1 | 立式 | 11 | 圆盘，6片 |
|  |  | 2 | 室内 | 2 | 便携式 | 12 | 普通，10片 |
|  |  |  |  | 3 | 台式 | 21 | 多棱，5片 |
|  |  |  |  | 4 |  | 22 | 多棱，7片 |
|  |  |  |  |  |  |  |  |
| 9 | 其他 | 9 | 其他 | 9 | 其他 | 99 | 其他 |

（2）半成品编码规则，如图 2-3-16 所示。

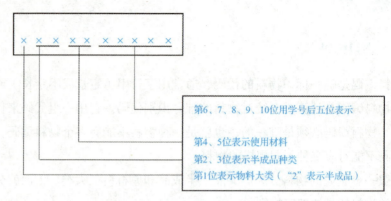

图 2-3-16　某半产品编码规则

具体位数的含义如表 2-3-9 所示：

表 2-3-9　半成品物料表

| 第一位 | 物料大类 | 第二、三位 | 半成品种类 | 第四、五位 | 使用材料 |
| --- | --- | --- | --- | --- | --- |
| 2 | 半成品 | 01 | 顶盖 | 10 | 铜 |
|  |  | 02 | 铝盖圆片 | 11 | 紫铜，厚 1.0 mm |
|  |  | 03 | 支撑杆 | 20 | 不锈钢管，厚 1.5 mm |
|  |  | 04 | 底座 | 22 | 不锈钢板，厚 1.0 mm |
|  |  | 05 | 桶身 | 50 | 铝材，厚 1.0 mm |
|  |  |  |  | 52 | 铝材，厚 0.6 mm |
|  |  |  |  | 60 | 塑料件 |
|  |  |  |  | 99 | 其他 |

（3）原材料编码规则，如图 2-3-17 所示。

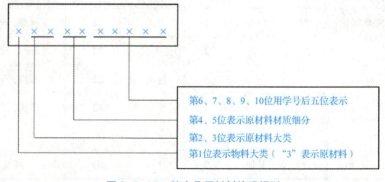

图 2-3-17　某产品原材料编码规则

## 学习情景3：工艺管理

姓名　　　　班级　　　　日期　　　　知识页-3

具体位数的含义如表 2-3-10 所示：

表 2-3-10　原材料物料表

| 第一位 | 物料大类 | 第二、三位 | 原材料大类 | 第四、五位 | 原材料材质细分 |
|---|---|---|---|---|---|
| 3 | 原材料 | 01 | 钢材类 | 11<br>22<br>31<br>32 | 钢管 $\phi2$、12 钢管 $\phi5$<br>圆钢 $\phi1$、25 圆钢 $\phi6$<br>A3 钢板 1 mm<br>A5 钢板 1 mm |
|   |   | 02 | 塑料类 | 10<br>20<br>30<br>40<br>50 | 聚乙烯 PE<br>ABS 树脂<br>聚丙烯 PP<br>染色 PP<br>工程塑料 |
|   |   | 03 | 陶瓷类 | 10<br>20 | 合金陶瓷<br>纯陶瓷 |
|   |   | 04 | 化工类 | 10<br>20 | 异氰酸酯<br>聚氨酯 PUR |
|   |   | 05 | 铝材类 | 10<br>20<br>30 | 铝管<br>铝型材<br>铝板 |
|   |   | 06 | 铜材类 | 10<br>20 | 铜管<br>铜板 |
| 6 | 外购件（外协加工件） | 01 | 炉头 | 外购件（外协加工件）第4、5位用00表示 |  |
|   |   | 02 | 轮组件 |   |   |
|   |   | 03 | 桶盖 |   |   |
|   |   | 04 | 陶瓷桶芯 |   |   |
|   |   | 05 | 底座门 |   |   |
|   |   | 99 | 其他 | 99 | 其他 |

## 二、工序

工序：产品在某一工作中心加工的过程。

工序主要应用于工艺路线、能力需求计划、工序计划、工序排程、工序汇报、计件工资标准设置等。工艺路线是一种工序计划文件而不是传统意义上的工艺技术文件，不涉及加工技术条件与操作要求。系统中使用的工序可借鉴工程技术文件上所规定的工序，但又不完全等同于工程技术文件上所规定的工序，定义工序的关键是确保工序的划分和管理与用户所需的管理粒度相适应。譬如，工程技术文件上的一个关键工序和几个辅助工序构成的完成特定加工目的的一个整体可定义为系统中的一道工序。

### 三、产品 BOM

BOM 即物料生产清单，也叫产品结构或配方，指物料（通常是完成品、半成品或部品）的组成情况——该物料由哪些下级物料组成，每一下级物料的用量是多少，其对应的属性等。

BOM 是生产管理系统运行的基础，由图纸或 PDM/ERP 系统产生，主要包含产品设计数据和工艺加工数据两部分，产品设计数据主要包含物料、结构信息以及模型描述信息等，工艺加工数据主要包含工艺路线、加工工序、原辅料、工时、加工中心、检验设备、是否质检等。在产品设计数据（EBOM）和工艺加工数据（PBOM）的基础上，可以生成详细描述产品制造过程的 BOM（MBOM）。MBOM 是生产的依据，是 MRP 和 APS 运算的输入信息源，是联系 MPS（主生产计划）和 MRP/APS 的桥梁，为生产计划、采购、备料、制订销售价格及核算成本提供依据。

BOM（Bill Of Material）描述产品组成与装配基本信息。主要用来记录一个产品所用到的所有下阶材料及相关属性，亦即母件与所有子件的从属关系、单位用量及其他属性。BOM 管理是指对 BOM 的建立、流转、变更、结算等环节进行维护和控制的过程。对于一个企业来说，高效的物料管理，不仅可以实时跟踪企业原材料采购状态及变更情况，确保企业生产运营所需原材料按时到货，还可以作为销售人员进行商业报价时的参考，并帮助企业轻松实现成本精确管控，促进企业提高效率，降低成本。

### 四、工艺路线

工艺路线：生产产品的一组工序的有机序列。

工艺路线是进行车间生产管理的基础，是 MES 系统所需要的另外一类重要基础数据，工艺路线可以用于车间作业管理的工序计划管理。

工艺路线是描述物料加工、零部件装配的操作顺序的技术文件，是多个工序的序列。工序是生产作业人员或机器设备为了完成指定的任务而做的一个动作或一连串动作，是加工物料、装配产品最基本的加工作业方式，是与工作中心、外协供应商等位置信息直接关联的数据，是组成工艺路线的基本单位。工艺路线用来表示企业产品在企业的一个加工路线（加工顺序）和在各个工序中的标准工时的定额情况。

# 项目 3  生产计划及过程管理

## 项目导读

### 知识目标

1. 了解企业生产计划及过程管理的相关知识，例如订单、生产计划、排产、生产进度管理和工作任务转移等；
2. 掌握 MES 系统的生产计划及过程管理的相关功能。

### 技能目标

1. 学会在 MES 系统中进行订单的管理；
2. 学会在 MES 系统中进行订单计划的排产和下发；
3. 学会在 MES 系统中进行生产计划管理和工作任务变更。

### 项目背景

MES 生产计划及过程管理，是指监控生产过程和自动修正生产中的错误并提高加工活动的效率和质量，或者向用户提供纠正错误并提高在线行为的决策支持。过程管理是一个内部操作，它的焦点集中在被监控或被控制的机器上，它们通过跟踪连续的操作来监控整个生产处理过程。生产过程控制应包括报警管理以保证企业员工意识到加工过程的变化。生产过程管理的数据交换是在智能设备和制造执行系统之间的一个接口中进行的。

### 项目描述

生产计划及过程管理，主要提供企业生产订单的管理，生产计划排产，对排产后的订单进行下发，针对生产过程，对生产计划进行管控，主要对工位间任务的转移、物料计划的发放、发货订单的管理以及订单的追溯管理，让整个车间现场完全透明化。通过全面提高制造执行能力，实现产品质量管控、有效控制库存、优化生产流程，并提供强大的集成化服务，最终为制造企业用户营造一个快速响应、有弹性的精细化制造管理平台，帮助企业减低成本、按期交货、提高产品质量和服务质量。

本项目通过任务一，完成企业生产订单的创建；通过任务二，完成订单的排产和计划下发；通过任务三，学习生产计划管理和工作任务变更。

## 学习情景1：订单计划创建的方法

| 姓名 | 班级 | 日期 | 任务页-1 |

**学习任务描述**

学习企业生产订单创建方法，掌握 MES 的订单创建模块，学会使用 MES 进行订单的创建方法。

订单的创建

**学习目标**

通过讲解生产过程中的生产计划及过程管理知识，同时演示 MES 系统的生产计划及过程管理模块，使学生掌握企业生产过程管理中的相关知识，掌握在 MES 系统中进行订单计划的创建。

1. 学会用系统的观点了解和概括生产活动与生产系统，掌握生产管理的基本概念；
2. 掌握生产订单计划的相关业务知识；
3. 学习 MES 的订单计划生成模块；
4. 通过小组合作培养团队协作精神，学会用 MES 进行订单计划的生成。

**任务书**

现在某工厂刚刚签订一个订单，客户需要在 10 天定制 100 个阶梯轴，材质为铝材。具体要求见表 3-1-1 和图 3-1-1。需要贵校安排学生将该订单录入 MES 系统，并在 MES 系统中生成生产计划和排产。

表 3-1-1 阶梯轴订单

| 序号 | 订单号 | 客户 | 订货日期 | 交货日期 | 数量 | 备注 |
|---|---|---|---|---|---|---|
| 1 | HBJD003 | ××× | 20210524 | 20210602 | 100 | |

## 学习情景 1：订单计划创建的方法

| 姓名 | 班级 | 日期 | 任务页-2 |

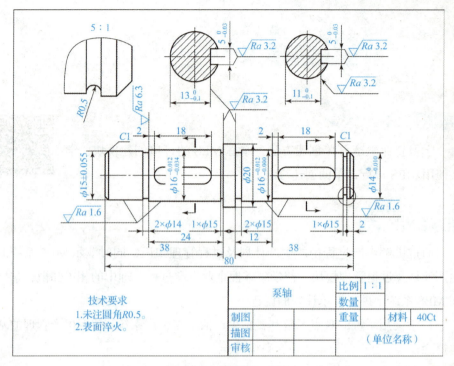

图 3-1-1 阶梯轴工程图

### 任务分组

将班级学生分组，分为 4~6 组，使每个人都有锻炼组织协调能力和管理能力的机会。学生分别代表生产设计人员、制造部管理人员、仓库管理人员、线边库管理人员，工位 1、工位 2 和工位 3 操作人员，模拟数字工厂的 MES 实施过程。注意培养学生的团队协作能力。学生任务分组表见表 3-1-2。

表 3-1-2 学生任务分组表

| 班级 | | 组号 | | 任务 | |
|---|---|---|---|---|---|
| 组长 | | 学号 | | 指导老师 | |
| 组员 | 学号 | 角色指派 | | | 备注 |
| | | | | | |
| | | | | | |
| | | | | | |
| | | | | | |
| | | | | | |

## 学习情景 1：订单计划创建的方法

姓名　　　　班级　　　　日期　　　　信息页-1

**获取信息**

? 引导问题 1：自主学习生产过程中的生产计划及过程管理基本知识。

? 引导问题 2：了解订单、生产计划和排产的概念。

? 引导问题 3：在 MES 的订单管理功能中，通常会提供三种销售订单数据接收方法_____、_____、_____。

? 引导问题 4：在 MES 中订好生产计划之后，把生产任务下发给生产线了，我们加工阶梯轴还需要哪些操作？

? 引导问题 5：查阅资料，了解工厂中都有哪些仓库类型？

? 引导问题 6：你知道物料是用什么作为载体从仓库到生产线上的吗？

? 引导问题 7：你知道工厂加工过程会涉及哪些部门吗？

## 学习情景 1：订单计划创建的方法

| 姓名 | 班级 | 日期 | 计划页-1 |

按照任务书要求和获取的信息，把订单录入到 MES 系统，和 MES 系统对接，把订单任务分解，制订工作计划，在表 3-1-3 中进行任务角色分派，在表 3-1-4 中列出所用材料器具。

表 3-1-3　角色扮演表

| 步骤 | 工作内容 | 角色 | 负责人 |
|---|---|---|---|
|  |  |  |  |
|  |  |  |  |
|  |  |  |  |
|  |  |  |  |
|  |  |  |  |
|  |  |  |  |

表 3-1-4　所用材料器具表

| 序号 | 材料器具名称 | 单位 | 数量 |
|---|---|---|---|
|  |  |  |  |
|  |  |  |  |
|  |  |  |  |
|  |  |  |  |
|  |  |  |  |
|  |  |  |  |
|  |  |  |  |

❓ 引导问题 8：你知道物料是怎么从仓库到线边库的吗？

❓ 引导问题 9：我们怎么保证物料转移的收到不会出现错误，即你发的物料请求和收到的物料是一致的呢？

## 学习情景 1：订单计划创建的方法

姓名　　　　班级　　　　日期　　　　计划页–2

❓ 引导问题 10：在 MES 中如何分派任务？工位人员又是如何接受任务呢？

_____

_____

❓ 引导问题 11：制订工作计划的时候，怎么判断计划是否合理？

_____

_____

小提示：

所有人员都要学会使用 MES 的 PC 端软件和移动终端。

## 学习情景1：订单计划创建的方法

| 姓名 | 班级 | 日期 | 实施页-1 |

按以下步骤实施：

（1）点击"新增产品"按钮，出现下面对话框。如图3-1-2所示。

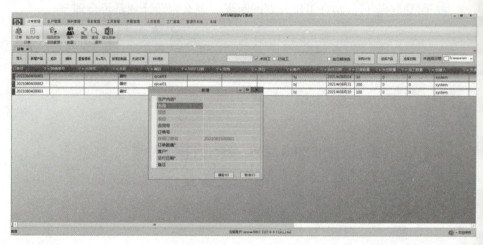

图3-1-2 新增产品订单

（2）在"新增"对话框中选择"生产内容"，如图3-1-3所示，选择要生产的内容。

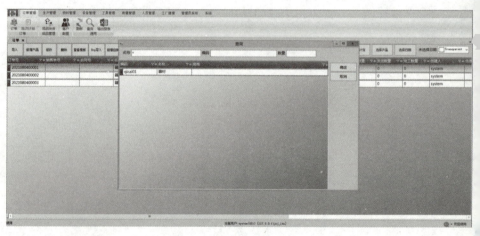

图3-1-3 选择生产内容

（3）在"新增"对话框中输入"订单数量""客户""交付日期"，如图3-1-4所示。

"新建"对话框中带有星号的为必填项，"订单号"会自动生成。全部填写完成后，点击"确定"即可。系统会自动生成订单。如图3-1-5所示。

### 学习情景 1：订单计划创建的方法

| 姓名 | 班级 | 日期 | 实施页-2 |

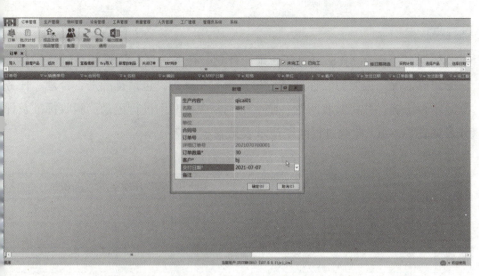

图 3-1-4　填写订单信息

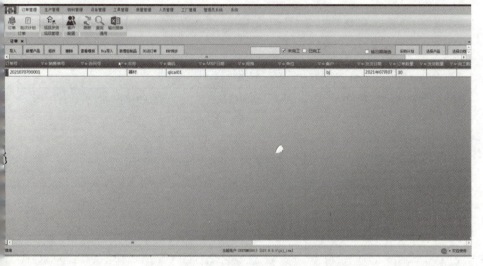

图 3-1-5　生成订单

所有小组成员共同协作完成订单计划表 3-1-5：

表 3-1-5　订单计划表

| 序号 | 生产内容 | 名称 | 规格 | 单位 | 合同号 | 订单号 | 详细订单号 | 客户 | 交付日期 | 备注 |
|---|---|---|---|---|---|---|---|---|---|---|
| 1 | | | | | | | | | | |
| | | | | | | | | | | |
| | | | | | | | | | | |
| | | | | | | | | | | |

## 学习情景1：订单计划创建的方法

| 姓名 | 班级 | 日期 | 检查页–1 |

 学习笔记

 检查验收

根据各小组在MES中制订的排产计划、任务分派、物料和在制品转移等任务完成情况，按照验收标准进行检查验收和评价，包括排产是否合理、任务分派是否正确，并将验收问题、整改措施及完成时间进行记录。验收标准及评分表见表3–1–6，验收过程问题记录表见表3–1–7。

表3–1–6 验收标准及评分表

| 序号 | 验收项目 | 验收标准 | 分值 | 教师评分 | 备注 |
|---|---|---|---|---|---|
|  |  |  |  |  |  |
|  |  |  |  |  |  |
|  |  |  |  |  |  |
|  |  |  |  |  |  |
|  |  |  |  |  |  |

表3–1–7 验收过程问题记录表

| 序号 | 验收问题记录 | 整改措施 | 完成时间 | 备注 |
|---|---|---|---|---|
|  |  |  |  |  |
|  |  |  |  |  |
|  |  |  |  |  |
|  |  |  |  |  |

**学习情景 1：订单计划创建的方法**

| 姓名 | 班级 | 日期 | 评价页–1 |

 学习笔记

**评价反馈**

各组展示作品，介绍任务的完成过程并提交阐述材料，进行学生自评、学生组内互评、教师评价，完成考核评价表。考核评价表见表 3-1-8。

❓ 引导问题 12：在本次完成任务的过程中，给你印象最深的是哪件事？自己的职业能力有哪些明显提高？

_____

_____

❓ 引导问题 13：你对 MES 生产管理了解了多少？还想继续学习关于 MES 的哪些内容？

_____

_____

表 3-1-8　考核评价表

| 评价项目 | 评价内容 | 分值 | 自评 20% | 互评 20% | 师评 60% | 合计 |
|---|---|---|---|---|---|---|
| 职业素养 40 分 | 爱岗敬业，安全意识、责任意识、服从意识 | 10 | | | | |
| | 积极参加任务活动，按时完成工作页 | 10 | | | | |
| | 团队合作、交流沟通能力，集体主义精神 | 10 | | | | |
| | 劳动纪律，职业道德 | 5 | | | | |
| | 现场 6s 标准，行为规范 | 5 | | | | |
| 专业能力 60 分 | 专业资料检索能力，中外品牌分析能力 | 10 | | | | |
| | 制订计划能力，严谨认真 | 10 | | | | |
| | 操作符合规范，精益求精 | 15 | | | | |
| | 工作效率，分工协作 | 10 | | | | |
| | 任务验收质量，质量意识 | 15 | | | | |
| | 合计 | 100 | | | | |
| 创新能力 加分 20 | 创新性思维和行动 | 20 | | | | |
| | 总计 | 120 | | | | |
| | 教师签名： | | 学生签名： | | | |

MES 应用与实践——任务页、信息页、计划页、实施页、检查页、评价页、知识页　93

## 学习情景1：订单计划创建的方法

姓名　　　　班级　　　　日期　　　　知识页-1

### 拓展知识

#### 一、生产管理

生产是由一家企业独立进行或者多家企业合作进行的、用于为人们创造产品或提供服务的有组织的活动。如果从系统的观点对生产活动进行概括，则生产活动包括生产要素投入（简称投入）、转换活动、有效产品或服务产出（简称产出）三个基本环节。

在生产活动中投入的生产要素通常包括人力、设备、物料、能源、土地、信息及技术等。转换过程是价值增值的过程，是企业从事产品制造和提供有效服务的主题活动，该过程带有明显的行业特征，例如制造企业进行的是实物形体的转换，生产要素经转换后将产出有形的实物产品。

生产企业将上述投入、转换和产出三个环节集成于一体，就形成了生产系统，生产管理就是企业对上述生产系统进行的管理，其主要功能是对生产过程组织、计划和控制。

生产管理中的组织功能包括生产组织机构的设计、工作岗位的设置以及管理责任和权利的划分，还包括生产过程的规划与设计。生产组织机构的设计和工作岗位的设置不属于日常的管理工作，一旦设计或设置完成，在一定时期内相对稳定。生产过程的规划与设计是企业开展生产活动的基础，是一个在生产活动中不断迭代更新的过程。

生产管理中的计划和控制功能包括决定企业的生产系统在何时何处生产多少以及什么样的产品，还包括随时掌握和控制各个环节生产进度的工作，其核心功能是对使用原材料、能源、设备、人力和信息生产产品的各项生产职能进行协调、指导、管理和跟踪，其管理目标是让生产出的产品在成本、质量、数量、安全性和交付时间等方面达到预定的要求。属于生产管理的这些活动可以由物理设备或人工来完成，也可以由信息系统来完成。

在制造业发展的早期阶段，计划和控制还都是凭借人的经验并借助于纸笔工具来完成的，而到今天，在那些已经完成信息化改造的企业中，计划与控制子系统多数以信息系统的形式存在，这个信息系统就是本书介绍的MES。

#### 二、基于MES的生产管理

MES是生产执行层的信息系统，它既要从业务系统接受生产任务，又要

## 学习情景 1：订单计划创建的方法

| 姓名 | 班级 | 日期 | 知识页-2 |

通过收集生产过程中的实时数据，及时处理各种实时时间，以达到调整和优化生产过程的目的，并将收集到的生产过程信息反馈给业务系统。MES 要与上层的业务系统和下层的控制系统保持双向的通信和数据交换。

"计划"一词在企业的信息系统中会多次出现，而且在不同层次上代表不同的业务含义。在业务层，基于客户订单或销售预测会形成企业的销售计划或销售订单（简称销售订单）；到了生产执行层、销售订单会转化成生产计划或生产订单（简称生产订单），而生产订单与销售订单可能不再是一一对应的关系，因为生产车间可能会根据生产调度与安排的需要把一个销售订单拆分成多个生产订单，这就是所谓的"拆单"。

在生产制造企业，订单的下发通常为静态和动态两种方式，所谓静态方式是指，在一个生产周期内（如一天），销售订单在一天开始时下达到车间后就不再增加，直到第二天开始时再下达新的订单，车间生产任务在一天内相对稳定；而动态方式是指，在一天之内，车间随时会接收新的销售订单并形成生产订单，作业排序也必须随时更新。

生产订单经 MES 排产后将派生出工序物料计划和生产作业计划，工序物料计划用于指导物料配送，生产作业计划用于指导工位生产。

### 三、订单计划创建的方法

在制造企业中，生产订单的创建分为系统内人工手动录入、EXCEL 导入以及 ERP 直接获取等方式。针对不同的企业及订单录入需求，采用不同的方式进行录入。

1. 人工手动录入

人工手动录入适用于订单量较小，或是创建临时订单等情况。手动录入通过直接在系统中选择生产订单进行派工，手动选择生产时间、生产内容、数量等信息，并进行订单的派发。

2. EXCEL 导入

EXCEL 导入订单的方式，适用于订单数据较多的大批量生产内容。通过按指定格式建立订单数据并导入到系统中，系统会自动识别订单数据，并将订单内容一次性导入到 MES 系统中，完成订单的批量创建。

3. ERP 集成

企业资源计划（Enterprise Resources Planning，ERP）是对企业的产、供、销、人、财、物进行管理的信息系统，主要侧重在物料和财务的管理。

## 学习情景 1：订单计划创建的方法

| 姓名 | 班级 | 日期 | 知识页–3 |

ERP 的核心本来为 MRP（Material Requirement Plan），但在实际执行过程中，由于 MRP 的计算展开需要定义准确的 BOM 及前期基础数据等，因此大部分企业 MRP 难以运行。

行业目前的划分为，财务和供应链管理（进销存）在 ERP 中进行，生产计划和展开执行在 MES 中进行。对于信息化建设较为完善，并已经完成 ERP 建设的企业，可直接通过 ERP 集成的方式，将订单导入到 MES 系统中。

## 学习情景2：订单下发的流程及排产规则

| 姓名 | 班级 | 日期 | 任务页-1 |

## 学习情景2：订单下发的流程及排产规则

**学习任务描述**

学习企业生产订单的下发流程及排产规则，掌握基于MES系统的订单下发、订单排产。

**学习目标**

通过讲解订单的下发流程和排产规则，使学生掌握企业生产订单的下发和排产，采用MES进行企业生产订单的下发和排产，使学生掌握基于MES系统的企业订单下发和排产。

1. 学习企业生产订单的下发流程；
2. 学习企业生产订单的排产规则；
3. 学习MES系统的生产订单的下发和排产模块，能够使用MES系统进行企业生产计划的下发和订单的排产。

**任务书**

现在某工厂刚刚签订一个订单，客户需要在10天定制100个阶梯轴，材质为铝材。需要贵校安排学生将录入MES系统的订单在MES系统中生成生产计划和排产，并实现订单的下发。

**任务分组**

将班级学生分组，4~6人为一组，使每个人都有锻炼组织协调能力和管理能力的机会。该组成员分别代表生产规划人员和现场作业人员，进行计划排产和下发。注意培养学生的团队协作能力。学生任务分组表见表3-2-1。

**学习情景 2：订单下发的流程及排产规则**

姓名　　　　　班级　　　　　日期　　　　　任务页-2

表 3-2-1　学生任务分组表

| 班级 | | 组号 | | 任务 | |
|---|---|---|---|---|---|
| 组长 | | 学号 | | 指导老师 | |
| 组员 | 学号 | 角色指派 | | 备注 | |
|  |  |  |  |  |  |
|  |  |  |  |  |  |
|  |  |  |  |  |  |
|  |  |  |  |  |  |
|  |  |  |  |  |  |
|  |  |  |  |  |  |
|  |  |  |  |  |  |

*学习笔记*

## 学习情景 2：订单下发的流程及排产规则

姓名　　　　班级　　　　日期　　　　　　信息页–1

 学习笔记

### 获取信息

❓ 引导问题 1：了解订单排产规则。

❓ 引导问题 2：了解订单计划的下发流程。

❓ 引导问题 3：查阅资料，在订单生产排产的时候，主要排产哪些重要因素？

❓ 引导问题 4：车间作业人员要用 MES 终端来接受任务，常用的终端设备包括什么？

❓ 引导问题 5：订单排产后，会生成物料计划和生产计划，那么物料计划下发到哪里呢？

❓ 引导问题 6：物料计划生成后，需要从仓库将物料发送到车间，请简述这个过程，并阐述物料发放时，借用哪些智能技术保证物料发放的准确性？

❓ 引导问题 7：查阅资料，了解托盘和叉车的定义。

## 学习情景2：订单下发的流程及排产规则

 学习笔记

| 姓名 | | 班级 | | 日期 | | 计划页-1 |

### 工作计划

按照任务书要求和获取的信息，根据每个小组人员分工，分类完成工位任务。填写订单信息表3-2-2。

表3-2-2 订单信息表

| 序号 | 生产内容 | 名称 | 规格 | 单位 | 合同号 | 详细订单号 | 订单数量 | 客户 | 交付日期 | 备注 |
|---|---|---|---|---|---|---|---|---|---|---|
| | | | | | | | | | | |
| | | | | | | | | | | |
| | | | | | | | | | | |
| | | | | | | | | | | |
| | | | | | | | | | | |

根据排产结果，填写批次计划表，填写在表3-2-3中。

表3-2-3 批次计划表

| 序号 | 订单号 | 名称 | 编码 | 规格 | 订单数量 | 发货日期 | 批次单号 | 数量 | 未分配数量 | 开始日期 | 结束日期 |
|---|---|---|---|---|---|---|---|---|---|---|---|
| | | | | | | | | | | | |
| | | | | | | | | | | | |
| | | | | | | | | | | | |
| | | | | | | | | | | | |
| | | | | | | | | | | | |

### 学习情景 2：订单下发的流程及排产规则

| 姓名 | 班级 | 日期 | 实施页-1 |

在 MES 软件中选择需要排产的订单，如图 3-2-1 所示。

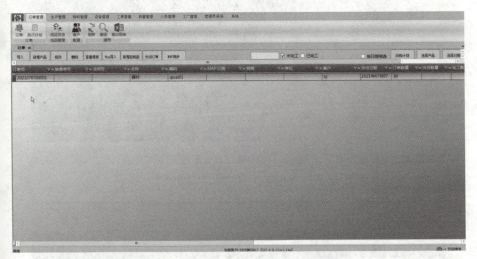

图 3-2-1　订单选择

双击选择的订单，会出现如图 3-2-2 批次计划界面。

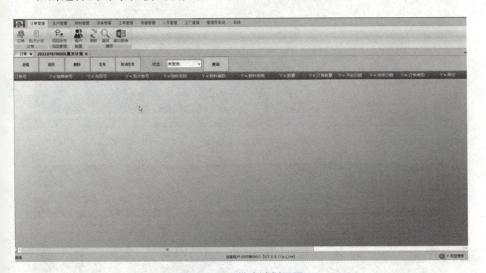

图 3-2-2　批次计划界面

点击新增按钮，出现如图 3-2-3 所示"新增"对话框。

根据实际生产安排，对订单进行计划分解，分配加工数量和生产日期，产生的第一批次如图 3-2-4 所示。

双击这个新增的批次，就会出现这一新增批次加工的详细信息，即为主计划如图 3-2-5 所示，包括需要的物料、加工工艺、数量、加工设备等信息。

## 学习情景 2：订单下发的流程及排产规则

| 姓名 | 班级 | 日期 | 实施页–2 |
|---|---|---|---|

图 3-2-3　新增批次订单

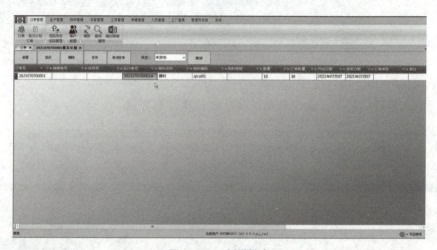

图 3-2-4　新增批次

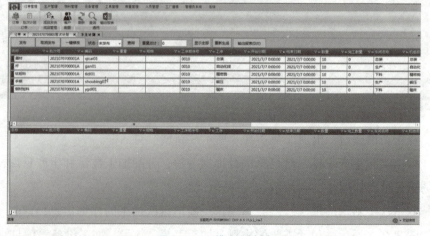

图 3-2-5　排产主计划

### 学习情景2：订单下发的流程及排产规则

| 姓名 | 班级 | 日期 | 检查页-1 |

 检查验收

根据各小组在MES中制定的排产计划，按照验收标准进行检查验收和评价，包括排产是否合理、任务分派是否正确，并将验收问题、整改措施及完成时间进行记录。验收标准及评分表见表3-2-4，验收过程问题记录表见表3-2-5。

表3-2-4 验收标准及评分表

| 序号 | 验收项目 | 验收标准 | 分值 | 教师评分 | 备注 |
|---|---|---|---|---|---|
|  |  |  |  |  |  |
|  |  |  |  |  |  |
|  |  |  |  |  |  |
|  |  |  |  |  |  |
|  |  |  |  |  |  |
|  |  |  |  |  |  |

表3-2-5 验收过程问题记录表

| 序号 | 验收问题记录 | 整改措施 | 完成时间 | 备注 |
|---|---|---|---|---|
|  |  |  |  |  |
|  |  |  |  |  |
|  |  |  |  |  |
|  |  |  |  |  |
|  |  |  |  |  |

## 学习情景 2：订单下发的流程及排产规则

| 姓名 | 班级 | 日期 | 评价页-1 |

### 评价反馈

各组展示作品，介绍任务的完成过程并提交阐述材料，进行学生自评、学生组内互评、教师评价，完成考核评价表。考核评价表见表 3-2-6。

**引导问题 8**：在本次完成任务的过程中，给你印象最深的是哪件事？自己的职业能力有哪些明显提高？

_____

**引导问题 9**：你对企业生产排产有什么深入的认识？

_____

表 3-2-6　考核评价表

| 评价项目 | 评价内容 | 分值 | 自评 20% | 互评 20% | 师评 60% | 合计 |
|---|---|---|---|---|---|---|
| 职业素养 40 分 | 爱岗敬业，安全意识、责任意识、服从意识 | 10 | | | | |
| | 积极参加任务活动，按时完成工作页 | 10 | | | | |
| | 团队合作、交流沟通能力，集体主义精神 | 10 | | | | |
| | 劳动纪律，职业道德 | 5 | | | | |
| | 现场 6s 标准，行为规范 | 5 | | | | |
| 专业能力 60 分 | 专业资料检索能力，中外品牌分析能力 | 10 | | | | |
| | 制订计划能力，严谨认真 | 10 | | | | |
| | 操作符合规范，精益求精 | 15 | | | | |
| | 工作效率，分工协作 | 10 | | | | |
| | 任务验收质量，质量意识 | 15 | | | | |
| | 合计 | 100 | | | | |
| 创新能力 加分 20 | 创新性思维和行动 | 20 | | | | |
| | 总计 | 120 | | | | |
| | 教师签名： | | | 学生签名： | | |

| 学习情景3：生产过程管理 |
|---|

| 姓名 | 班级 | 日期 | 任务页-1 |
|---|---|---|---|

 学习笔记

## 学习情景3：生产过程管理

### 学习任务描述

MES 生产过程控制贯穿于 MES 系统生产管理运行的始终，制造业企业通过 MES 生产过程控制，实现对整个车间环境和生产流程的监督、制约及调整，使生产过程安全，生产计划准确并及时推进，从而达到预期生产目标，按时按质按量向客户交付产品，从而提高客户满意度，提升市场综合竞争实力。我们本次课程就是学习如何运用 MES 系统进行生产过程管理。

### 学习目标

1. 掌握生产过程管理的相关知识，主要包括生产进度管理和计划变更管理；
2. 学会使用 MES 系统的生产过程管理进行生产进度管理和计划变更。

### 任务书

现在需要使用 MES 系统进行生产管理，对生产进度和计划变更进行管理，实现对整个车间环境和生产流程的监督、制约及调整，使生产过程安全，生产计划准确并及时推进，从而达到预期生产目标，按时按质按量向客户交付产品。

### 任务分组

将班级学生分组，应用 MES 系统，模拟实际生产过程，实现生产进度管理和计划变更管理，学生任务分组表见表 3-3-1。

学习情景3：生产过程管理

姓名　　　　　班级　　　　　日期　　　　　任务页–2

表 3-3-1　学生任务分组表

| 班级 | | 组号 | | 任务 | |
|---|---|---|---|---|---|
| 组长 | | 学号 | | 指导老师 | |
| 组员 | 学号 | 角色指派 | | 备注 | |
| | | | | | |
| | | | | | |
| | | | | | |
| | | | | | |
| | | | | | |
| | | | | | |
| | | | | | |

## 学习情景3：生产过程管理

姓名　　　　　班级　　　　　日期　　　　　信息页-1

### 获取信息

? 引导问题1：查阅资料，了解生产过程管理的主要作用。

? 引导问题2：查阅资料，学习生产过程中的相关角色。

? 引导问题3：查阅资料，了解生产过程中各个角色的职责分工。

? 引导问题4：生产过程中追溯管理的意义？

? 引导问题5：查阅资料，了解有哪些追溯管理的类型？

? 引导问题6：查阅资料，追溯管理会用到哪些物联网、信息化技术？

## 学习情景3：生产过程管理

| 姓名 | 班级 | 日期 | 计划页-1 |
|---|---|---|---|

### 工作计划

按照任务书要求和获取的信息，根据每个小组人员分工，分类完成工位任务。填写表3-3-2和表3-3-3。表3-3-2为订单跟踪状态信息表。在MES系统中查阅订单计划的相关信息，完成表3-3-2的填写。

表3-3-2 订单跟踪状态信息表

| 序号 | 订单状态 | 订单编号 | 生产序号 | 产品型号 | 计划生产日期 | 计划交货日期 | 订单数量 | 生产进度 | 当前工序 | 备注 |
|---|---|---|---|---|---|---|---|---|---|---|
| | | | | | | | | | | |
| | | | | | | | | | | |
| | | | | | | | | | | |
| | | | | | | | | | | |
| | | | | | | | | | | |

根据实际生产计划变更情况，在表3-3-3中填写工位任务变更。

表3-3-3 工位任务变更

| | 序号 | 生产序号 | 订单产品和货号 | 产品型号 | 生产数量 | 产品工序 | 结束日期 |
|---|---|---|---|---|---|---|---|
| 变更前 | | | | | | | |
| 变更后 | | | | | | | |
| 变更前 | | | | | | | |
| 变更后 | | | | | | | |
| 变更前 | | | | | | | |
| 变更后 | | | | | | | |

## 学习情景3：生产过程管理

姓名　　　　　班级　　　　　日期　　　　　实施页-1

**工作实施**

1. 工位任务转移

（1）在 MES 客户端中打开订单任务管理模块，点击"转移"按钮。如图 3-3-1 所示。

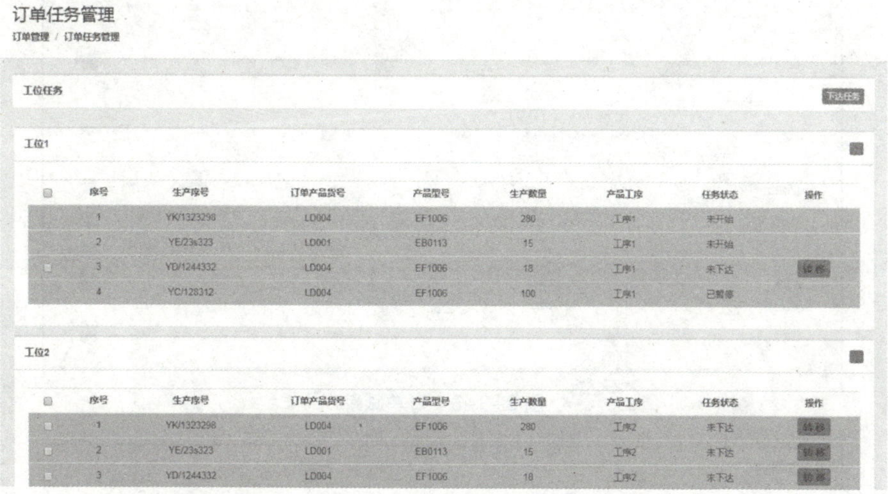

图 3-3-1　工位任务管理

（2）在作业人员 MES 终端中查看任务，可以看到有一个新来的任务，完成工位任务转移。如图 3-3-2 所示。

图 3-3-2　工位任务转移

2. 订单追踪

打开 MES 系统订单追踪界面，可以看到订单的跟踪状态。如图 3-3-3 所示。

3. 发货订单

在 MES 客户端中打开发货订单管理模块，可查看订单的状态，根据订单

## 学习情景 3：生产过程管理

| 姓名 | 班级 | 日期 | 实施页-2 |

的具体状态，进行订单的发货状态管理，如图 3-3-4 所示。如果订单着急，需要优先加工和发货，可进行订单指定设置，如图 3-3-5 所示。如果订单置顶中订单优先级发生改变，可以取消置顶，如图 3-3-6 所示。

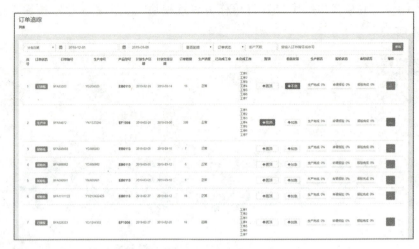

图 3-3-3 订单跟踪

| 序号 | 订单编号 | 生产序号 | 生产型号 | 订单数量 | 计划日期 | 交货日期 | 加急发货 |
|---|---|---|---|---|---|---|---|
| 1 | SFA059185 | YD/191216 | EC50S8-P6PR-1000.5L6100 | 13 | 2019-03-06 | 2019-03-08 | 是 |
| 2 | SFA059182 | YD/191215 | EC50A8-P6PR-1000.5L6100 | 44 | 2019-03-06 | 2019-03-08 | 是 |
| 3 | SFA059140 | YC/191213 | EB50P8-C4PR-512 | 30 | 2019-03-06 | 2019-03-08 | 是 |
| 4 | SFA058874 | YN/191200 | HV115R16Z-H4PR-1024 | 6 | 2019-03-06 | 2019-03-08 | 是 |
| 5 | SFA059221 | YD/191172 | EC50A10-H6M8R-600.9M5004 | 10 | 2019-03-05 | 2019-03-08 | 是 |
| 6 | SFA059188 | YD/191171 | EC50W15-P6AR-1024 | 2 | 2019-03-05 | 2019-03-08 | 是 |
| 7 | SFA059310 | YM/191147 | EI40A6-P6AR-5000 | 1 | 2019-03-04 | 2019-03-08 | 是 |

图 3-3-4 发货订单管理

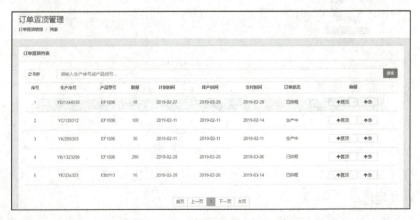

图 3-3-5 订单置顶设置

| 学习情景 3：生产过程管理 | | | |
|---|---|---|---|
| 姓名 | 班级 | 日期 | 实施页-3 |

图 3-3-6　订单取消置顶设置

学习情景3：生产过程管理

姓名　　　　班级　　　　日期　　　　检查页-1

### 检查验收

根据各小组在MES中制订的排产计划，按照验收标准进行检查验收和评价，并将验收问题、整改措施及完成时间进行记录。验收标准及评分表见表3-3-4，验收过程问题记录表见表3-3-5。

表3-3-4　验收标准及评分表

| 序号 | 验收项目 | 验收标准 | 分值 | 教师评分 | 备注 |
| --- | --- | --- | --- | --- | --- |
|  |  |  |  |  |  |
|  |  |  |  |  |  |
|  |  |  |  |  |  |
|  |  |  |  |  |  |
|  |  |  |  |  |  |

表3-3-5　验收过程问题记录表

| 序号 | 验收问题记录 | 整改措施 | 完成时间 | 备注 |
| --- | --- | --- | --- | --- |
|  |  |  |  |  |
|  |  |  |  |  |
|  |  |  |  |  |
|  |  |  |  |  |
|  |  |  |  |  |

学习情景 3：生产过程管理

姓名　　　　班级　　　　日期　　　　评价页-1

### 评价反馈

各组展示作品，介绍任务的完成过程并提交阐述材料，进行学生自评、学生组内互评、教师评价，完成考核评价表。考核评价表见表3-3-6。

❓ 引导问题7：在本次完成任务的过程中，给你印象最深的是哪件事？自己的职业能力有哪些明显提高？

_____

❓ 引导问题8：简单阐述生产过程管理的作用和相应的MES软件功能模块。

_____

表3-3-6　考核评价表

| 评价项目 | 评价内容 | 分值 | 自评 20% | 互评 20% | 师评 60% | 合计 |
|---|---|---|---|---|---|---|
| 职业素养 40分 | 爱岗敬业，安全意识、责任意识、服从意识 | 10 | | | | |
| | 积极参加任务活动，按时完成工作页 | 10 | | | | |
| | 团队合作、交流沟通能力，集体主义精神 | 10 | | | | |
| | 劳动纪律，职业道德 | 5 | | | | |
| | 现场6s标准，行为规范 | 5 | | | | |
| 专业能力 60分 | 专业资料检索能力，中外品牌分析能力 | 10 | | | | |
| | 制订计划能力，严谨认真 | 10 | | | | |
| | 操作符合规范，精益求精 | 15 | | | | |
| | 工作效率，分工协作 | 10 | | | | |
| | 任务验收质量，质量意识 | 15 | | | | |
| | 合计 | 100 | | | | |
| 创新能力 加分20 | 创新性思维和行动 | 20 | | | | |
| | 总计 | 120 | | | | |
| | 教师签名： | | 学生签名： | | | |

## 学习情景 3：生产过程管理

| 姓名 | 班级 | 日期 | 知识页-1 |

**拓展知识**

生产过程管理是 MES 最主要的功能之一，其主要功能是对生产过程中的总体业务流程进行综合管控。通过自下而上实时的数据反馈，实现对生产过程的透明化管理。企业生产总体业务流程如图 3-3-7 所示。

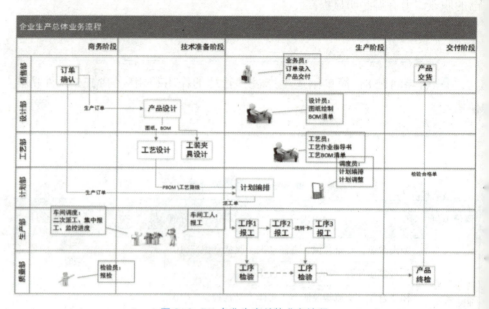

图 3-3-7　企业生产总体业务流程

在制造过程中，质量管理要求记录每道工序加工中用到的物料、设备、人员、工艺条件等信息，在出现质量问题时，可以根据过程信息查找故障原因，这个过程称为追溯管理。传统方式大量采用纸质记录卡，分析质量原因时需要手工对现有大量的纸质产品流程卡、领料单等信息展开过滤、清查。往往浪费大量人力及时间，造成异常发生后不能快速响应、效率低下，甚至往往等调查清楚时发现存在质量问题的产品已经发货，对公司的品牌建设及售后成本都造成很大损失。

电子化的追溯系统会通过 MES 系统、设备联网等信息化手段记录整个生产过程，方便信息查找与汇总，实现快速追溯。

（1）全部追溯：全部追溯指所有产品零部件全部一一扫描原材料批次，记录生产过程批次来实现追溯。

（2）部分追溯：部分追溯指仅扫描部分核心零部件的批次，生产管控控制核心加工批次来来实现追溯。

（3）精准追溯：精准追溯指可准确追溯至其中一个产品所用的原材料批

## 学习情景3：生产过程管理

| 姓名 | 班级 | 日期 | 知识页-2 |

次，当原材料切换时，也能准确追溯至切换原材料批次时所产生的那个产品。

（4）模糊追溯：模糊追溯指只要知道其中一批产品所对应的其中一批或多批原材料，不能准确追溯于切换原材料时所产生的那个产品。

（5）正向追溯：正向追溯指依产品料号及批次号从上而下进行追溯，追溯其构成部件、原料、基本信息、生产过程、库存交易出入库、检验信息等。

（6）逆向追溯：逆向追溯指依产品所用部件或原料及批次号自下而上追溯，追溯所有用到此批次部件或原料的产品及批次，涉及的各料件批次号的基本信息、生产过程、库存交易出入库、检验信息、现有库存信息等。

当今生产环境下，生产追溯功能十分重要，尤其对于汽车、医药、食品等行业，对于订单的追溯功能具有严格的要求。例如，当汽车出现因零部件质量问题需要召回时，利用追溯功能即可准确锁定问题零部件对应的车辆，减少召回成本。

## 项目 4　车间物流管理

### 项目导读

#### 知识目标

1. 认识车间常见的物料；
2. 掌握车间领料、投料的方法；
3. 掌握车间的物料入库和出库管理；
4. 学会使用 MES 系统进行车间物料管理。

#### 技能目标

1. 学会在 MES 系统中进行车间领料和投料；
2. 学会在 MES 系统中进行物料入库管理；
3. 学会在 MES 系统中进行物料出库管理。

#### 项目背景

车间物流管理实质是对物料从原料进厂到成品出库的管理，每一生产环节都有详细的记录。物料管理是对企业在生产中使用的各种物料的采购、保管、发放环节进行计划与控制等管理活动的总称；物料管理主要实现收料管理、物料仓储管理和发料管理等三个基本功能；物料管理的对象包含三个内容：物料、中间产品或在制品、最终产品；物料管理的模式有两种，在面向库存的生产企业中，生产是按照销售预测的生产计划进行的，因此物料的采购也是按照计划进行的；在面向订单的生产企业中，生产是按照客户订单进行的，因此物料的采购是拉动式的。

#### 项目描述

通过本章的学习，认识车间常见物料，掌握车间物料管理的常用方法，掌握车间物料转运常用的方法和设备，学习车间领料、投料的步骤，学习车间入库和出库的概念和方法。能够根据实际情况运作 MES 系统，进行车间的领料和投料、进行入库和出库操作，完成车间物流管理。

本项目通过任务一，认识车间常见物料；通过任务二，掌握车间领料、投料的方法；通过任务三，使用 MES 系统进行车间的物料入库管理；通过任务四，使用 MES 系统进行车间的物料出库管理。

学习情景1：车间物料的认识

| 姓名 | 班级 | 日期 | 任务页-1 |

## 学习情景1：车间物料的认识

**学习任务描述**

车间物料管理，提供与生产相关的所有物料的摆放、标识的细节管理。用于产品顺利生产所涉及的所有物料、物资的管理。通过本次课程，使学生认识车间物料种类；掌握车间物料管理方法。

**学习目标**

1. 认识车间常用物料；
2. 掌握车间物料的管理规则；
3. 掌握库位、仓储的相关概念；
4. 物料的盘点、入库、出库等知识。

**任务书**

通过查询资料，使学生学习车间常用物料，掌握车间物料的管理方法，学习车间物料的流转方法，掌握车间物料盘点、入库、出库管理的理论知识。掌握库位、仓库物流等知识，如图4-1-1所示。

图4-1-1　车间物流存储

## 学习情景1：车间物料的认识

姓名　　　　　班级　　　　　日期　　　　　信息页-1

### 获取信息

❓ 引导问题1：车间常见物料有哪些？物料在车间是如何管理的？

❓ 引导问题2：了解车间常见的库房类型。

❓ 引导问题3：查阅书籍，了解仓库管理人员在原料入库时，常用的智能硬件有哪些？

❓ 引导问题4：查阅书籍，了解仓库管理人员在成品入库时，常用的智能硬件有哪些？

❓ 引导问题5：了解在物流和库存管理时，二维码/条码的工作原理和数据存储方式。

❓ 引导问题6：了解RFID的工作方式和在仓储物流中的应用。

❓ 引导问题7：请问MES软件的使用者，设计人员、库管人员、质检人员、生产设计人员的操作界面有何不同？

❓ 引导问题8：请问你知道什么是库房盘点吗？

❓ 引导问题9：查阅资料，了解仓储库位的概念。

## 学习情景 1：车间物料的认识

姓名　　　　班级　　　　日期　　　　计划页-1

按照任务书要求和获取的信息，给小组同学分配任务，让同学自主查询资料，每个同学完成相应知识点的学习，并向团队其他同学讲解自己学习的知识。

下面是需要学生自主学习的知识点，请将任务分工填写在表格 4-1-1 中，并将知识点记录在表格 4-1-2 中。

（1）车间常用物料；（2）仓储库位的概念；（3）仓储盘点；（4）出库；（5）入库。

表 4-1-1　知识点分配

| 序号 | 知识点 | 负责人 | 备注 |
|---|---|---|---|
|  |  |  |  |
|  |  |  |  |
|  |  |  |  |
|  |  |  |  |
|  |  |  |  |
|  |  |  |  |
|  |  |  |  |

表 4-1-2　知识点记录

| 知识点： |
|---|
|  |

## 学习情景 1：车间物料的认识

| 姓名 | 班级 | 日期 | 实施页-1 |

**工作实施**

1. 指出数控车床和数控铣床常用的物料。

2. 写出仓储货位的概念，并列出常用的货架类型。

3. 打开 MES 系统的物料管理模块，对物料进行盘点，并将盘点数据写到表 4-1-3 中。

表 4-1-3　车间物料盘点表

| 时间 | 车间 | 物料名称 | 生产日期 | 保质期 | 生产厂家 | 数量 |
|------|------|----------|----------|--------|----------|------|
|      |      |          |          |        |          |      |
|      |      |          |          |        |          |      |
|      |      |          |          |        |          |      |
|      |      |          |          |        |          |      |
|      |      |          |          |        |          |      |
|      |      |          |          |        |          |      |

## 学习情景 1：车间物料的认识

姓名　　　　班级　　　　日期　　　　检查页-1

**检查验收**

根据各小组知识点的完成情况，教师对各个小组进行评分验收，并将验收问题、整改措施及完成时间进行记录。验收标准及评分表见表 4-1-4，验收过程问题记录表见表 4-1-5。

表 4-1-4　验收标准及评分表

| 序号 | 验收项目 | 验收标准 | 分值 | 教师评分 | 备注 |
|------|---------|---------|-----|---------|------|
|      |         |         |     |         |      |
|      |         |         |     |         |      |
|      |         |         |     |         |      |
|      |         |         |     |         |      |
|      |         |         |     |         |      |

表 4-1-5　验收过程问题记录表

| 序号 | 验收问题记录 | 整改措施 | 完成时间 | 备注 |
|------|-------------|---------|---------|------|
|      |             |         |         |      |
|      |             |         |         |      |
|      |             |         |         |      |
|      |             |         |         |      |

## 学习情景 1：车间物料的认识

| 姓名 | 班级 | 日期 | 评价页-1 |

**评价反馈**

各组展示作品，介绍任务的完成过程并提交阐述材料，进行学生自评、学生组内互评、教师评价，完成考核评价表。考核评价表见表 4-1-6。

引导问题 10：在本次完成任务的过程中，给你印象最深的是哪件事？自己的职业能力有哪些明显提高？

表 4-1-6　考核评价表

| 评价项目 | 评价内容 | 分值 | 自评 20% | 互评 20% | 师评 60% | 合计 |
|---|---|---|---|---|---|---|
| 职业素养 40 分 | 爱岗敬业，安全意识、责任意识、服从意识 | 10 | | | | |
| | 积极参加任务活动，按时完成工作页 | 10 | | | | |
| | 团队合作、交流沟通能力，集体主义精神 | 10 | | | | |
| | 劳动纪律，职业道德 | 5 | | | | |
| | 现场 6s 标准，行为规范 | 5 | | | | |
| 专业能力 60 分 | 专业资料检索能力，中外品牌分析能力 | 10 | | | | |
| | 制订计划能力，严谨认真 | 10 | | | | |
| | 操作符合规范，精益求精 | 15 | | | | |
| | 工作效率，分工协作 | 10 | | | | |
| | 任务验收质量，质量意识 | 15 | | | | |
| | 合计 | 100 | | | | |
| 创新能力 加分 20 | 创新性思维和行动 | 20 | | | | |
| | 总计 | 120 | | | | |
| | 教师签名： | | | 学生签名： | | |

## 学习情景1：车间物料的认识

| 姓名 | 班级 | 日期 | 知识页-1 |

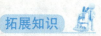

### 一、车间物流管理概述

车间物流管理实质是对物料从原料进场到成品出库的管理，每一生产环节都有详细的记录，其包括三个部分：原料管理控制、生产过程管理控制和成品过程控制。

原料管理控制指对供应商来料进行管理，检验原料的质量信息，控制原料质量。一般流程为供应商来料后先放入待检区，由专门的质检人员进行检验。对于合格品直接进行入库；不合格品将进行退货或让步接收等操作。

原料管理控制框架图如图4-1-2所示。

生产过程管理控制指对生产过程中从生产领料到产品包装全过程的物料进行管理，主要针对生产过程中的物料质量控制。一般流程为工人开工生产领料，混料，挤出成型，产品抽检，最后对抽检的不合格品剔除，并根据生产记录查找原因。对于合格品进行包装入库，放入最后的待检区等待最后的成品检验。

生产过程管理控制框架图如图4-1-3所示。

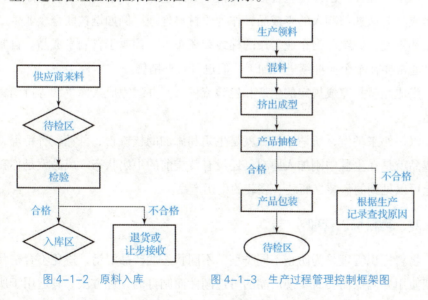

图4-1-2 原料入库　　图4-1-3 生产过程管理控制框架图

### 二、物料管理

物料是我国生产领域中的一个专业术语。生产企业习惯将最终产品之外的、在生产领域流转的一切材料（不论其来自生产资料还是生活资料）、燃料、零部件、半成品、外协件以及生产过程中必然产生的边角余料、废料以及各种

## 学习情景 1：车间物料的认识

| 姓名 | 班级 | 日期 | 知识页-2 |

废物统称为"物料"。

物料管理概念的采用起源于第二次世界大战中航空工业出现的难题。生产飞机需要大量单个部件，很多部件都非常复杂，而且必须符合严格的质量标准，这些部件又从地域分布广泛的成千上万家供应商那里采购，很多部件对最终产品的整体功能至关重要。物料管理就是从整个公司的角度来解决物料问题，包括协调不同供应商之间的协作，使不同物料之间的配合性和性能表现符合设计要求；提供不同供应商之间以及供应商与公司各部门之间交流的平台，控制物料流动率。计算机被引入企业后，更进一步为实行物料管理创造了有利条件，物料管理的作用发挥到了极致。

### 三、车间物料的认识

原料是指没有经过加工制造的材料，也可以理解为用于进一步加工的材料，可以是其他过程的产物，也可以是自然界自然生长或自然形成的产物。

半成品是指已经过一定生产过程，并已检验合格，但尚未最终制造成为产成品的中间产品。半成品分为自制半成品和外购半成品两种。自制半成品为企业自己生产加工，已经检验合格，交付半成品仓库并须继续加工的半成品；外购半成品为从外部购入的半成品，作为原材料处理。例如钢铁联合企业生产的生铁和钢锭，纺织印染企业生产的棉纱和坯布等，都属于自制半成品。自制半成品通常要在本企业继续进行加工，但也可对外销售。

产成品就是完成规定的生产和检验流程，并办理完成入库手续等待销售的产品。

以牛奶来举例，所谓原料，就是生奶和添加的核桃粉、蔗糖、香精等；而半成品就是在生乳中刚加入原料，还没有装袋前的牛奶状态；成品就是你在市场上可以见到的盒装、瓶装、袋装的牛奶产品。

### 四、物料标识管理

物料标识管理是为防止不同类型、不同状态的产品混淆，避免不合格品非预期使用并确保需要时实现产品的可追溯性而制订的管理方法。其适用于所有原材料、半成品、成品及不合格品的标识和检验状态标识。

标识分为物料标识及状态标识两大类，物料标识用于明确物料属性，如名称、规格型号、生产批次等；状态标识用于明确物料检验状态，如待检、合格、不合格等。物料标识与状态标识，依据具体情况，可以合并或独立标识。

## 学习情景 2：领料、投料的方法

### 学习任务描述

企业在生产任务下达后，通常要将物料从仓库转移到车间进行加工。根据物料的转移发起方法可分为领料制和发料制。发料制通常是由仓库人员发起流程，领料制通常是由生产人员发起流程。本节我们一起来学习领料和投料的方法。

### 学习目标

1. 掌握车间领料和投料的含义；
2. 掌握车间领料和投料的区别；
3. 掌握常见的领料类型；
4. 能够使用 MES 系统进行领料和投料。

### 任务书

查阅第二章的生产计划，找到生产计划中的物料清单，请根据生产计划对物料清单进行领料和投料，可以使生产计划正常进行。并将数据记录在本节的表格中。

### 任务分组

将班级学生分组，分为 4~6 组。按照需要，各个同学承担不同的角色，模拟车间领料和发料过程，将角色分配填写在表 4-2-1 中。

表 4-2-1 学生任务分组表

| 班级 | | 组号 | | 任务 | | |
|---|---|---|---|---|---|---|
| 组长 | | 学号 | | 指导老师 | | |
| 组员 | 学号 | | 角色指派 | | | 备注 |
| | | | | | | |
| | | | | | | |
| | | | | | | |
| | | | | | | |
| | | | | | | |

学习情景 2：领料、投料的方法

姓名　　　　　班级　　　　　日期　　　　　信息页-1

**获取信息**

❓ 引导问题 1：查阅资料，学习领料的概念。

❓ 引导问题 2：查阅资料，学习投料的概念。

❓ 引导问题 3：查阅书籍，了解领料和投料的区别。

❓ 引导问题 4：查阅书籍，了解常用的投料类型。

❓ 引导问题 5：查阅书籍，了解按车间领料和按订单领料的区别。

## 学习情景 2：领料、投料的方法

| 姓名 | 班级 | 日期 | 计划页-1 |

按照任务书要求和获取的信息，给小组同学分配任务，在 MES 软件中进行领料操作、成品入库操作，使学生掌握车间领料方法。在表 4-2-2 中进行任务角色分派，填写实施工序、工作内容、担任角色和项目负责人。按任务角色分派情况，填写表 4-2-3。

表 4-2-2　角色扮演表

| 步骤 | 工作内容 | 角色 | 负责人 |
|---|---|---|---|
|  |  |  |  |
|  |  |  |  |
|  |  |  |  |
|  |  |  |  |
|  |  |  |  |
|  |  |  |  |

表 4-2-3　领料单

| 领料部门： | | | | NO： | | | |
|---|---|---|---|---|---|---|---|
| 生产单号： | | | | 年　　月　　日 | | | |
| 品名 | 型号规格 | 单位 | 单件数量 | 请领数量 | 实发数量 | 备注 | |
|  |  |  |  |  |  |  |  |
|  |  |  |  |  |  |  |  |
|  |  |  |  |  |  |  |  |
|  |  |  |  |  |  |  |  |
|  |  |  |  |  |  |  |  |
|  |  |  |  |  |  |  |  |

## 学习情景 2：领料、投料的方法

| 姓名 | 班级 | 日期 | 实施页–1 |

### 工作实施

按以下步骤实施：

1. 打开 MES 的网页端，如图 4-2-1 所示。

图 4-2-1　MES 网页端

2. 打开作业人员的操作界面，会出现当前的作业任务，在任务中会出现需要的物料，我们就是根据生产任务进行领料。如图 4-2-2 所示。

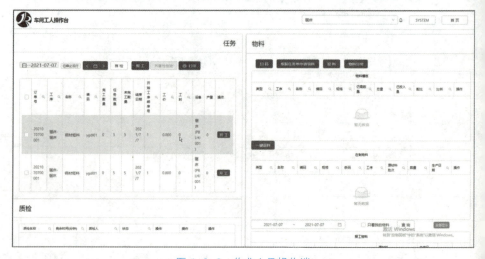

图 4-2-2　作业人员操作端

3. 在车间工人操作台中点击投料，如图 4-2-3 所示。

4. 界面中弹出来"查询物料"对话框，出现所有的物料信息，这时候我们根据需要，选择物料的种类和数量，进行投料即可。如图 4-2-4 所示。

5. 点击投料后，可看到物料清单处出现投料清单，如图 4-2-5 所示。

## 学习情景 2：领料、投料的方法

| 姓名 | 班级 | 日期 | 实施页-2 |

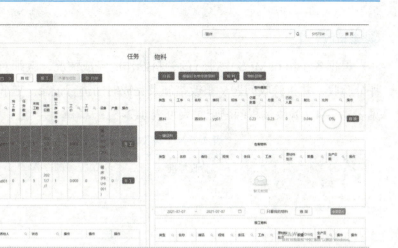

图 4-2-3　投料

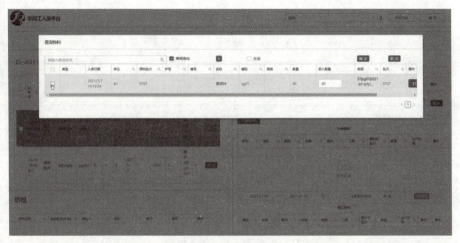

图 4-2-4　物料选择

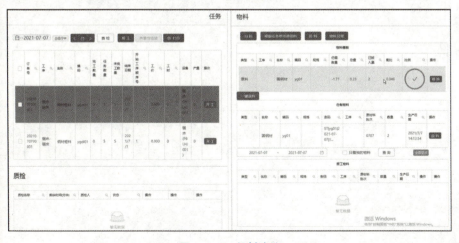

图 4-2-5　投料清单

学习情景 2：领料、投料的方法

| 姓名 | 班级 | 日期 | 检查页-1 |

检查验收

根据各小组在 MES 中进行的领料操作的完成情况，教师对各个小组进行评分验收，并将验收问题、整改措施及完成时间进行记录。验收标准及评分表见表 4-2-4，验收过程问题记录表见表 4-2-5。

表 4-2-4 验收标准及评分表

| 序号 | 验收项目 | 验收标准 | 分值 | 教师评分 | 备注 |
|---|---|---|---|---|---|
|  |  |  |  |  |  |
|  |  |  |  |  |  |
|  |  |  |  |  |  |
|  |  |  |  |  |  |
|  |  |  |  |  |  |
|  |  |  |  |  |  |

表 4-2-5 验收过程问题记录表

| 序号 | 验收问题记录 | 整改措施 | 完成时间 | 备注 |
|---|---|---|---|---|
|  |  |  |  |  |
|  |  |  |  |  |
|  |  |  |  |  |
|  |  |  |  |  |
|  |  |  |  |  |

## 学习情景 2：领料、投料的方法

姓名　　　　班级　　　　日期　　　　评价页-1

### 评价反馈

各组展示作品，介绍任务的完成过程并提交阐述材料，进行学生自评、学生组内互评、教师评价，完成考核评价表。考核评价表见表 4-2-6。

❓ 引导问题 6：在本次完成任务的过程中，给你印象最深的是哪件事？自己的职业能力有哪些明显提高？

_____

_____

表 4-2-6　考核评价表

| 评价项目 | 评价内容 | 分值 | 自评 20% | 互评 20% | 师评 60% | 合计 |
|---|---|---|---|---|---|---|
| 职业素养 40 分 | 爱岗敬业，安全意识、责任意识、服从意识 | 10 | | | | |
| | 积极参加任务活动，按时完成工作页 | 10 | | | | |
| | 团队合作、交流沟通能力，集体主义精神 | 10 | | | | |
| | 劳动纪律，职业道德 | 5 | | | | |
| | 现场 6s 标准，行为规范 | 5 | | | | |
| 专业能力 60 分 | 专业资料检索能力，中外品牌分析能力 | 10 | | | | |
| | 制订计划能力，严谨认真 | 10 | | | | |
| | 操作符合规范，精益求精 | 15 | | | | |
| | 工作效率，分工协作 | 10 | | | | |
| | 任务验收质量，质量意识 | 15 | | | | |
| | 合计 | 100 | | | | |
| 创新能力 加分 20 | 创新性思维和行动 | 20 | | | | |
| | 总计 | 120 | | | | |
| | 教师签名：　　　　学生签名： | | | | | |

## 学习情景 2：领料、投料的方法

| 姓名 | 班级 | 日期 | 知识页-1 |

  拓展知识

### 领料与发料

企业在生产任务下达后，通常要将物料从仓库转移到车间进行加工。根据物料的转移发起方法可分为领料制与发料制。发料制通常是由仓库人员发起流程，领料制通常是由生产人员发起流程。

领料制是指由车间填写领料单，经过生产主管、计划总管及仓库总管人员的审核后，再由车间领料人员到仓库领料，仓库人员在收到领料单后，必须在规定时间内，按领料单上所列明的物料项目及申请数量进行拣料，拣料完成后将物料交车间领料人员，双方在领料单签字确认并明确实领数量。这种领料方式是大多数企业所采用的方式。

发料制是指仓库根据车间的用料计划，事先准备好各个生产任务单所需的物料，当车间领料人员来领用物料时，则立即将备好的物料发给车间领料人员，或者按生产的进度直接将备好的物料发到生产线，双方在发料单上签字确认。发料方式要求企业有较高的管理水平，生产的计划性比较强。在整个过程中，仓库处于主动状态，要负责及时提供所需的物料，责任比较大，也比较有利于实现定时发料送料，提高仓库的管理效率。

按车间领料是领料方式的一种，意为按单个车间所需物料，采用一次或多次领料的方式，领取该车间所需的全部物料。领料依据可以是该车间当天的任务单，也可以是按该车间的领料计划直接进行领料。

按订单领料是根据订单的原料需求，制订领料计划。领料内容与数量与订单进行绑定，超出订单需求的物料无法直接领取。通过此种方式，可严格的控制领料内容与数量，计算订单生产成本、订单损耗等数据。

学习情景 3：物料出入库管理

| 姓名 | 班级 | 日期 | 任务页-1 |

## 学习情景 3： 物料出入库管理

**学习任务描述**

物料的出入库管理一方面可以严格控制物料的进出，保证库存数量，遵循先进先出原则。另一方面可实现物料的可追溯性，实现有迹可循。在传统的物料出入库管理方法上，需要人为通过手写的方式记录物料卡、出入库台账、库存记录，具有费时费力、单据易丢失损坏、实时性低、准确率低等特点。为实现物料管理的高效性、可靠性，MES 系统中的物料管理模块将对车间的物料进行科学化管理。

**学习目标**

通过讲解车间物料入库和出库流程，演示 MES 系统的车间物料管理模块，使学生掌握企业的车间物料管理相关知识，掌握使用 MES 系统进行物料的入库和出库。

1. 掌握车间物料的出入库管理方法和流程；
2. 能够使用 MES 系统进行物料入库和出库；
3. 学习现代化信息技术的车间物料进出库管理技术。

**任务书**

现在公司购买了一批物料，需要对物料进行入库操作，请查阅资料，理解物料入库的含义，使用 MES 软件实现物料的入库；同时，需要把这批物料发货到车间工位，也要使用 MES 系统完成物料的出库操作。如图 4-3-1 所示。

图 4-3-1 任务流程示意图

学习笔记

### 学习情景 3：物料出入库管理

| 姓名 | | 班级 | | 日期 | | 任务页-2 |

#### 任务分组

将班级学生分组，分为 4~6 组，由轮值安排生成组长，使每个人都有培养组织协调能力和管理能力的机会。每人都有明确的任务分工，完成车间物料入库和出库的操作。注意培养学生的团队协作能力。学生任务分组表见表 4-3-1。

表 4-3-1　学生任务分组表

| 班级 | | 组号 | | 任务 | |
|---|---|---|---|---|---|
| 组长 | | 学号 | | 指导老师 | |
| 组员 | 学号 | 角色指派 | | 备注 | |
| | | | | | |
| | | | | | |
| | | | | | |
| | | | | | |
| | | | | | |
| | | | | | |

## 学习情景 3：物料出入库管理

姓名　　　　班级　　　　日期　　　　信息页-1

### 获取信息

? 引导问题 1：查阅资料，了解物料入库、出库的概念。

? 引导问题 2：查阅资料，学习物料入库、出库的流程。

? 引导问题 3：查阅资料，学习线边库和仓库的概念。

? 引导问题 4：查阅书籍，了解仓库管理人员在原料入库时，常用的智能硬件有哪些？

? 引导问题 5：了解在物流和库存管理时二维码/条码的作用。

? 引导问题 6：了解 RFID 在仓储物流中与二维码/条码的优缺点。

学习情景 3：物料出入库管理

| 姓名 | 班级 | 日期 | 计划页–1 |

按照任务书要求和获取的信息，给小组同学分配任务，在 MES 软件中进行物料入库操作、出库操作，使学生掌握车间物流管理的方法和方式。在表 4-3-2 中进行任务角色分派，填写实施工序、工作内容、担任角色和项目负责人。在表 4-3-3 中填写扮演角色的学生所使用的设备、型号规格及其作用。

表 4-3-2　角色扮演表

| 步骤 | 工作内容 | 角色 | 负责人 |
| --- | --- | --- | --- |
|  |  |  |  |
|  |  |  |  |
|  |  |  |  |
|  |  |  |  |
|  |  |  |  |
|  |  |  |  |

表 4-3-3　设备使用清单

| 序号 | 使用人 | 扮演角色 | 型号和规格 | 设备作用 |
| --- | --- | --- | --- | --- |
|  |  |  |  |  |
|  |  |  |  |  |
|  |  |  |  |  |
|  |  |  |  |  |
|  |  |  |  |  |
|  |  |  |  |  |

引导问题 7：使用 MES 系统，库管人员如何进行原料出库操作？

引导问题 8：使用 MES 系统，库管人员如何进行物料入库操作？

## 学习情景 3：物料出入库管理

姓名　　　　班级　　　　日期　　　　计划页–2

引导问题 9：在 MES 中如何进行领料操作？

_____

_____

 小提示：

所有人员都要学会使用 MES 的 PC 端软件和移动终端。

## 学习情景3：物料出入库管理

| 姓名 | 班级 | 日期 | 实施页-1 |

### 工作实施

按以下步骤实施：

1. 入库操作

（1）原料库管人员打开其入库所用的移动终端，进入库存管理界面。如图4-3-2所示，可以通过扫码添加物料，或者通过手工录入；

（2）在手工录入或者扫码录入前，需要给原料指定库位，如图4-3-3所示；

图4-3-2 入库界面

（3）如果是扫码录入，则通过扫码就能将物料添加到系统；

（4）若是手动添加物料，则需要先定义物料类型，之后手工定义物料信息，最后点击入库即可，如图4-3-4和图4-3-5所示。

2. 成品入库操作

由库管人员在移动终端点击成品入库如图4-3-6所示，之后进入入库模块如图4-3-7所示，成品入库操作和原料入库操作类似，这里不再赘述。

学习情景 3：物料出入库管理

姓名　　　　　班级　　　　　日期　　　　　实施页–2

图 4-3-3　库位定义

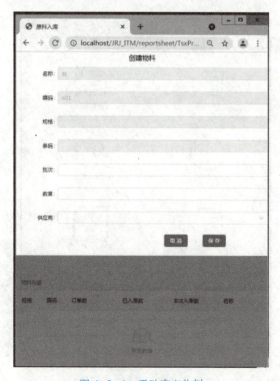

图 4-3-4　手动定义物料

学习情景 3：物料出入库管理

姓名　　　　班级　　　　日期　　　　实施页–3

图 4-3-5　入库前预览

图 4-3-6　成品入库模块

学习情景 3：物料出入库管理

姓名　　　　班级　　　　日期　　　　实施页-4

图 4-3-7　成品入库操作

学习情景 3：物料出入库管理

| 姓名 | | 班级 | | 日期 | | 检查页-1 |

### 检查验收

根据各小组在 MES 中进行的原料入库、领料和成品入库操作的完成情况，教师对各个小组进行评分验收，并将验收问题、整改措施及完成时间进行记录。验收标准及评分表见表 4-3-4，验收过程问题记录表见表 4-3-5。

表 4-3-4　验收标准及评分表

| 序号 | 验收项目 | 验收标准 | 分值 | 教师评分 | 备注 |
|---|---|---|---|---|---|
| | | | | | |
| | | | | | |
| | | | | | |
| | | | | | |
| | | | | | |

表 4-3-5　验收过程问题记录表

| 序号 | 验收问题记录 | 整改措施 | 完成时间 | 备注 |
|---|---|---|---|---|
| | | | | |
| | | | | |
| | | | | |
| | | | | |

## 学习情景 3：物料出入库管理

| 姓名 | 班级 | 日期 | 评价页-1 |

### 评价反馈

各组展示作品，介绍任务的完成过程并提交阐述材料，进行学生自评、学生组内互评、教师评价，完成考核评价表。考核评价表见表 4-3-6。

❓ 引导问题 10：在本次完成任务的过程中，给你印象最深的是哪件事？自己的职业能力有哪些明显提高？

_____

表 4-3-6 考核评价表

| 评价项目 | 评价内容 | 分值 | 自评 20% | 互评 20% | 师评 60% | 合计 |
|---|---|---|---|---|---|---|
| 职业素养 40 分 | 爱岗敬业、安全意识、责任意识、服从意识 | 10 | | | | |
| | 积极参加任务活动，按时完成工作页 | 10 | | | | |
| | 团队合作、交流沟通能力，集体主义精神 | 10 | | | | |
| | 劳动纪律、职业道德 | 5 | | | | |
| | 现场 6s 标准，行为规范 | 5 | | | | |
| 专业能力 60 分 | 专业资料检索能力，中外品牌分析能力 | 10 | | | | |
| | 制订计划能力，严谨认真 | 10 | | | | |
| | 操作符合规范，精益求精 | 15 | | | | |
| | 工作效率，分工协作 | 10 | | | | |
| | 任务验收质量，质量意识 | 15 | | | | |
| | 合计 | 100 | | | | |
| 创新能力 加分 20 | 创新性思维和行动 | 20 | | | | |
| | 总计 | 120 | | | | |
| | 教师签名： | | 学生签名： | | | |

## 学习情景3：物料出入库管理

| 姓名 | 班级 | 日期 | 知识页-1 |

**拓展知识**

### 一、入库管理

入库管理包括对外购物料、派工物料、生产余料与退料、辅料及其他物料的入库管理。不同性质的物料需要不同的入库管理方法和规则。

1. 外购物料的入库

对于外购物料，当物料到达公司后，供应商需要将《送货单》送交仓库，仓库在收到《送货单》后，由负责该物料的仓库员协同供应商把物料进行分类、分批、整齐地放置于待检区。仓库员对到货物料进行大致清点，与《送货单》和《采购申请单》进行核对，检查送货数量与采购数量是否符合。仓库员要根据系统内规定的送货数量对送货量进行控制，对无采购计划或多送的，仓库员拒绝接收和报检。送货单需要包含供应商名称、订单号、零件号、产品规格名称、数量、送货日期等信息。

2. 派工物料的入库

派工物料加工完成后，由派工物料加工人员将物料连同《派工缴库单》交回仓库待检区。派工物料加工人员将物料缴回仓库前，要将缴回物料量与派工量进行核对，发现缴库量与派工量不符，要在《派工缴库单》备注栏中注明原因，并在MES系统中填写缴库清单，检验合格后方可入库。

3. 生产余料、退料的入库

当生产有用料变更或物料剩余时，由生产领料员开出《退料单》，《退料单》作为入库原始凭证，同时提供月退料统计报表，对退料信息进行记录。

4. 辅料入库

辅料入库时要附所购物品发票和经有效审批的《请购单》。仓库员在对入库实物进行清点时，需要与发票及请购清单进行核对，《入库单》作为辅料入库登账的原始凭证。

### 二、出库管理

出库管理包括对标准领料的出库、外协加工物料的出库、派工出库、超损耗领料出库、辅料出库的管理。

1. 标准领料的出库

标准领料的出库以生产车间的《领料单》作为物料出库的原始凭据。在传统方式下，《领料单》需要人为纸质填写并交接，在MES系统中，通过电子化

## 学习情景3：物料出入库管理

| 姓名 | 班级 | 日期 | 知识页–2 |

的方式，取代了传统的纸质《领料单》。

在保证物料先进先出的前提下，考虑零头库存的优先取用及设计变更和现有呆料的优先加速处理。

2. 外协加工物料的出库

在需要外协加工的物料出库前，仓库员做好备料工作，并需将外协加工信息及时告知计划部，由计划部通知外协单位到仓库领料。

3. 派工出库

仓库有派工物料，要及时在系统中提交《派工申请单》交派工物料至加工部门，并由仓库人员备好料后通知人员到仓库领料。

4. 超损耗领料出库

当物料使用部门因物料品质异常，物料遗失或制程不良引起物料报废产生补料时，需提交物料申领/补退请求，经审批后执行出库。

5. 辅料出库

各部门领取辅料时，须先在系统中递交辅料领料申请，经批准后方可领取辅料。

学习情景 4：物料库存管理

姓名　　　　班级　　　　日期　　　　任务页-1

## 学习情景 4：物料库存管理

**学习任务描述**

为了加强车间耗材管理，保障有效供给，减少浪费，提高利用率，确保生产正常运行，需要规范车间耗材和线边库管理，本节主要讲解物料库存管理，使学生掌握车间物料库存管理的相关理论知识，同时学会使用 MES 系统进行车间物料库存管理。

**学习目标**

1. 了解车间耗材种类；
2. 了解线边库的概念；
3. 掌握车间耗材的盘点、线边库物料的盘点；
4. 掌握车间线边库的收料和发料过程；
5. 学会使用 MES 系统进行线边库的收料和发料操作；
6. 学会使用 MES 系统进行车间耗材管理、线边库管理。

**任务书**

现在根据生产计划，需要对车间的耗材和线边库的物料进行管理，以更好地进行生产，请您在 MES 系统中，对耗材进行盘点，对车间线边库的物料也进行盘点管理。

**任务分组**

将班级学生分组，分为 4～6 组，由轮值安排生成组长，使每个人都有培养组织协调能力和管理能力的机会。每人都有明确的任务分工，分别代表原料库管理人员，加工作业人员，成品库管人员，模拟车间的耗材管理人员和线边库物料盘点人员。注意培养学生的团队协作能力。学生任务分组表见表 4-4-1。

学习情景 4：物料库存管理

姓名　　　　　班级　　　　　日期　　　　　任务页-2

表 4-4-1　学生任务分组表

| 班级 | | 组号 | | 任务 | |
|---|---|---|---|---|---|
| 组长 | | 学号 | | 指导老师 | |
| 组员 | 学号 | 角色指派 | | | 备注 |
| | | | | | |
| | | | | | |
| | | | | | |
| | | | | | |
| | | | | | |

学习情景 4：物料库存管理

姓名　　　　班级　　　　日期　　　　信息页-1

 学习笔记

获取信息

? 引导问题 1：查阅资料，了解数控车间中常见的耗材有哪些？

? 引导问题 2：查阅资料，了解线边库的概念。

? 引导问题 3：查阅书籍，了解线边库收料和发料的过程。

? 引导问题 4：查阅书籍，了解仓库管理人员在成品入库时，常用的智能硬件有哪些？

? 引导问题 5：了解在物流和库存管理时，二维码/条码的工作原理和数据存储方式。

? 引导问题 6：了解 RFID 的工作方式和在仓储物流中的应用。

? 引导问题 7：了解 MES 软件中设计人员、库管人员、质检人员、生产设计人员的操作界面有何不同？

MES 应用与实践——任务页、信息页、计划页、实施页、检查页、评价页、知识页 ■ 151

### 学习情景 4：物料库存管理

| 姓名 | 班级 | 日期 | 计划页-1 |

**工作计划**

按照任务书要求和获取的信息，给小组同学分配任务，在 MES 软件中进行原料入库操作、领料操作、成品入库操作，使学生掌握车间物流管理的方法和方式。在表 4-4-2 中进行任务角色分派，填写实施工序、工作内容、担任角色和项目负责人。在表 4-4-3 中填写扮演角色的学生所使用的设备、型号和规格及其作用。

表 4-4-2　角色扮演表

| 步骤 | 工作内容 | 角色 | 负责人 |
|---|---|---|---|
|  |  |  |  |
|  |  |  |  |
|  |  |  |  |
|  |  |  |  |
|  |  |  |  |
|  |  |  |  |

表 4-4-3　设备使用清单

| 序号 | 使用人 | 扮演角色 | 型号和规格 | 设备作用 |
|---|---|---|---|---|
|  |  |  |  |  |
|  |  |  |  |  |
|  |  |  |  |  |
|  |  |  |  |  |
|  |  |  |  |  |
|  |  |  |  |  |
|  |  |  |  |  |

## 学习情景 4：物料库存管理

| 姓名 | 班级 | 日期 | 实施页-1 |

**工作实施**

### 一、耗材管理

**1. 耗材新增**

（1）在"物料管理"模块中，点击新增物料，如图 4-4-1 所示。

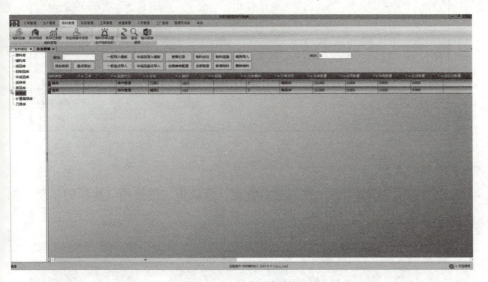

图 4-4-1　新增耗材

（2）在"新增物料"对话框中输入物料信息，点击确定，就可以完成物料的新增，如图 4-4-2 所示。

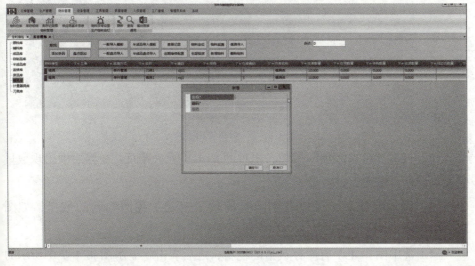

图 4-4-2　耗材新增

学习情景 4：物料库存管理

| 姓名 | 班级 | 日期 | 实施页-2 |

（3）在车间作业人员工作界面中可以通过扫码方式选择刀具使用，如图4-4-3 所示。

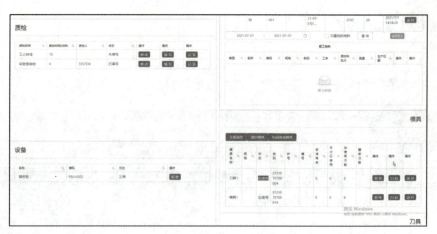

图 4-4-3　刀具使用

2. 耗材盘点

（1）打开 MES 软件，在"物料管理"模块中，进行相应物料的管理，如图 4-4-4 所示。

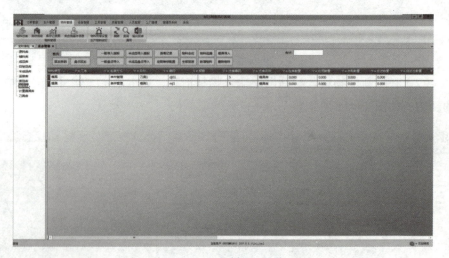

图 4-4-4　物料管理模块

（2）点击"盘点添加"按钮，出现图 4-4-5 所示界面，在界面中出现数量输入对话框，输入刀具数量。

（3）添加完成后，可以看到刀具的数量变成了我们输入的数量，如图 4-4-6 所示。

（4）选中图 4-4-7 有库存数量的耗材，之后双击就显示图 4-4-7 中所示的耗材明细表。

## 学习情景 4：物料库存管理

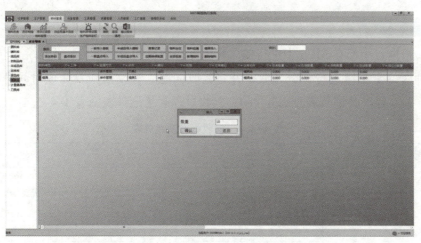

图 4-4-5　盘点添加

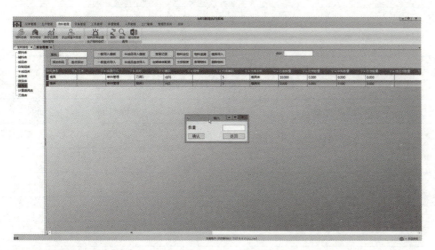

图 4-4-6　刀具添加

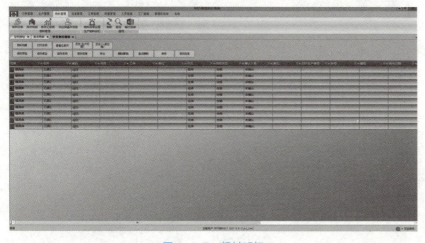

图 4-4-7　耗材明细

学习情景 4：物料库存管理

| 姓名 | 班级 | 日期 | 检查页-1 |

根据各小组在 MES 中进行的原料入库、领料和成品入库操作的完成情况，教师对各个小组进行评分验收，并将验收问题、整改措施及完成时间进行记录。验收标准及评分表见表 4-4-4，验收过程问题记录表见表 4-4-5。

表 4-4-4　验收标准及评分表

| 序号 | 验收项目 | 验收标准 | 分值 | 教师评分 | 备注 |
|---|---|---|---|---|---|
|  |  |  |  |  |  |
|  |  |  |  |  |  |
|  |  |  |  |  |  |
|  |  |  |  |  |  |
|  |  |  |  |  |  |

表 4-4-5　验收过程问题记录表

| 序号 | 验收问题记录 | 整改措施 | 完成时间 | 备注 |
|---|---|---|---|---|
|  |  |  |  |  |
|  |  |  |  |  |
|  |  |  |  |  |
|  |  |  |  |  |
|  |  |  |  |  |

学习情景 4：物料库存管理

| 姓名 | | 班级 | | 日期 | | 评价页-1 | |

 学习笔记

**评价反馈**

各组展示作品，介绍任务的完成过程并提交阐述材料，进行学生自评、学生组内互评、教师评价，完成考核评价表。考核评价表见表 4-4-6。

❓ 引导问题 8：在本次完成任务的过程中，给你印象最深的是哪件事？自己的职业能力有哪些明显提高？

_____

_____

表 4-4-6　考核评价表

| 评价项目 | 评价内容 | 分值 | 自评 20% | 互评 20% | 师评 60% | 合计 |
|---|---|---|---|---|---|---|
| 职业素养 40 分 | 爱岗敬业，安全意识、责任意识、服从意识 | 10 | | | | |
| | 积极参加任务活动，按时完成工作页 | 10 | | | | |
| | 团队合作、交流沟通能力，集体主义精神 | 10 | | | | |
| | 劳动纪律，职业道德 | 5 | | | | |
| | 现场 6s 标准，行为规范 | 5 | | | | |
| 专业能力 60 分 | 专业资料检索能力，中外品牌分析能力 | 10 | | | | |
| | 制订计划能力，严谨认真 | 10 | | | | |
| | 操作符合规范，精益求精 | 15 | | | | |
| | 工作效率，分工协作 | 10 | | | | |
| | 任务验收质量，质量意识 | 15 | | | | |
| | 合计 | 100 | | | | |
| 创新能力 加分 20 | 创新性思维和行动 | 20 | | | | |
| | 总计 | 120 | | | | |
| | 教师签名： | | 学生签名： | | | |

# 项目 5  质量管理

## 项目导读

### 知识目标

1. 理解产品质量和质量数据的概念；
2. 了解质量管理活动、质检类型、质检流程和主要质检环节；
3. 了解常用的质量数据统计、分析方法及原理。

### 技能目标

1. 学会收集和管理质量数据；
2. 学会制订质检计划；
3. 学会使用 MES 管理质检作业；
4. 学会使用 MES 完成巡检和数据分析。

### 项目背景

质量管理发展大致经历了 4 个阶段：

质量检验：20 世纪初到 30 年代，以事后检验为主，并将质量检验的职能从操作者身上分离出来，强化了质量检验的职能；统计质量控制：20 世纪 40 年代到 50 年代末，工序控制突出了质量的预防性控制和事后检验相结合的管理方式；全面质量管理：20 世纪 60 年代到 70 年代，质量管理的对象不再是狭义的产品质量，而是扩展到工作质量和服务质量等，即广义的质量；标准质量管理：20 世纪 80 年代以来，编制了质量管理和质量保证体系 ISO 9000 族标准。

MES 系统的质量管理，是对车间生产节点进行质量管控，对车间级的工序/产品进行质量管理。

MES 系统实时采集制造现场信息，跟踪、分析和控制加工过程的质量，实现从原材料入车间到成品出车间的生产过程质量管理，确保产品质量。

### 项目描述

MES 质量管理的工作主要涵盖检验、分析、控制三个环节，工作内容包括下面六个方面：

（1）制定标准。确定各工序阶段所要达到的质量要求和工艺参数；（2）制订计划。依据车间的排产计划，确定检验项目、质检方法和检验要求；（3）执行质检。获取质检数据，包括对原料、中间品、成品的检验数据；（4）质量分析。对检验数据进行统计、分析，改进质量保证措施，保证产品质量。（5）质量控制。计算工序能力指数，评价工序加工能力，对制造过程进行过程控制。（6）质量追溯。发现在制造环节产生的质量问题追及根源，纠正制造系统中的故障。

通过本章学习，使学生掌握：（1）生产车间常见的检测设备；（2）生产检验方法；（3）不合格品管理。

学习情景1：生产车间常见的检测设备

| 姓名 | 班级 | 日期 | 任务页-1 |

 学习笔记

## 学习情景1：生产车间常见的检测设备

**学习任务描述**

通过本节学习，使学生认识常见的车间质量检测设备，掌握车间质量检测设备的使用。

**学习目标**

1. 认识常见的车间质量检测设备；
2. 能够掌握车间质量检测设备的使用方法；
3. 能够根据质检要求选择合适的质量设备。

**任务书**

现在有一批质量检测设备，需要贵校学生为该设备写出简介，并注明其使用方法。

**任务分组**

将班级学生分组，8人为一组，由轮值安排生成组长，使每个人都有培养组织协调能力和管理能力的机会。每人都有明确的任务分工，分别担任生产、首检、尾检、抽检、全检、在线检验、不合格品的返工、报废处理和质量分析的角色，模拟工厂的质量管理过程。注意培养学生的团队协作能力。学生任务分组表见表5-1-1。

表5-1-1　学生任务分组表

| 班级 | | 组号 | | 任务 | |
|---|---|---|---|---|---|
| 组长 | | 学号 | | 指导老师 | |
| 组员 | 学号 | 角色指派 | | | 备注 |
| | | | | | |
| | | | | | |
| | | | | | |
| | | | | | |

学习笔记

### 学习情景 1：生产车间常见的检测设备

姓名　　　　班级　　　　日期　　　　信息页-1

**获取信息**

? 引导问题 1：查阅资料，学习质量管理中的基本知识。

? 引导问题 2：查阅资料，自主学习质量管理体系。

? 引导问题 3：查阅资料，常见的质检设备。

## 学习情景 1：生产车间常见的检测设备

姓名　　　　班级　　　　日期　　　　计划页-1

**工作计划**

按照任务书要求，将班级同学分组，每位同学负责一种质量检测设备的简介和使用步骤的整理，在表 5-1-2 中进行任务角色分派。

表 5-1-2　角色扮演表

| 步骤 | 工作内容 | 角色 | 负责人 |
|---|---|---|---|
|  |  |  |  |
|  |  |  |  |
|  |  |  |  |
|  |  |  |  |
|  |  |  |  |
|  |  |  |  |
|  |  |  |  |

## 学习情景 1：生产车间常见的检测设备

| 姓名 | 班级 | 日期 | 实施页-1 |

**工作实施**

问题 1：图 5-1-1 为三坐标检测仪，查询资料，写出简介及其主要作用，并且简单描述其使用步骤。

图 5-1-1　三坐标检测仪

问题 2：图 5-1-2 为视觉影像检测仪，查询资料，写出简介，并且简单描述其使用步骤。

图 5-1-2　视觉影像检测仪

## 学习情景 1：生产车间常见的检测设备

问题 3：图 5-1-3 为表面粗糙度检测仪，查询资料，写出简介，并且简单描述其使用步骤。

图 5-1-3　表面粗糙度检测仪

问题 4：图 5-1-4 为数控机床在线检测仪，查询资料，写出简介，并且简单描述其使用步骤。

图 5-1-4　数控机床在线检测仪

## 学习情景1：生产车间常见的检测设备

姓名　　　　　班级　　　　　日期　　　　　检查页-1

**检查验收**

根据各小组在 MES 中制定的质量检验要求和不合格品处理的任务完成情况，按照验收标准进行检查验收和评价，并将验收问题、整改措施及完成时间进行记录。验收标准及评分表见表5-1-3，验收过程问题记录表见表5-1-4。

表5-1-3　验收标准及评分表

| 序号 | 验收项目 | 验收标准 | 分值 | 教师评分 | 备注 |
|---|---|---|---|---|---|
|  |  |  |  |  |  |
|  |  |  |  |  |  |
|  |  |  |  |  |  |
|  |  |  |  |  |  |
|  |  |  |  |  |  |

表5-1-4　验收过程问题记录表

| 序号 | 验收问题记录 | 整改措施 | 完成时间 | 备注 |
|---|---|---|---|---|
|  |  |  |  |  |
|  |  |  |  |  |
|  |  |  |  |  |
|  |  |  |  |  |
|  |  |  |  |  |

**学习情景 1：生产车间常见的检测设备**

| 姓名 | 班级 | 日期 | 评价页-1 |

● 评价反馈

各组展示作品，介绍任务的完成过程并提交阐述材料，进行学生自评、学生组内互评、教师评价，完成考核评价表。考核评价表见表 5-1-5。

❓ 引导问题 4：在本次完成任务的过程中，给你印象最深的是哪件事？自己的职业能力有哪些明显提高？

_____

_____

❓ 引导问题 5：你对 MES 生产管理了解了多少？还想继续学习关于 MES 的哪些内容？

_____

_____

表 5-1-5　考核评价表

| 评价项目 | 评价内容 | 分值 | 自评 20% | 互评 20% | 师评 60% | 合计 |
|---|---|---|---|---|---|---|
| 职业素养 40 分 | 爱岗敬业、安全意识、责任意识、服从意识 | 10 | | | | |
| | 积极参加任务活动，按时完成工作页 | 10 | | | | |
| | 团队合作、交流沟通能力、集体主义精神 | 10 | | | | |
| | 劳动纪律、职业道德 | 5 | | | | |
| | 现场 6s 标准、行为规范 | 5 | | | | |
| 专业能力 60 分 | 专业资料检索能力、中外品牌分析能力 | 10 | | | | |
| | 制订计划能力、严谨认真 | 10 | | | | |
| | 操作符合规范、精益求精 | 15 | | | | |
| | 工作效率、分工协作 | 10 | | | | |
| | 任务验收质量、质量意识 | 15 | | | | |
| | 合计 | 100 | | | | |
| 创新能力 加分 20 | 创新性思维和行动 | 20 | | | | |
| | 总计 | 120 | | | | |
| | 教师签名： | | | 学生签名： | | |

## 学习情景 1：生产车间常见的检测设备

| 姓名 | 班级 | 日期 | 知识页-1 |

### 一、认识质量管理

ISO 9000 "质量管理和质量保证"标准规定："质量管理是指全部管理职能的一个方面。该管理职能负责质量方针的制定与实施。"

ISO 8402 "质量管理和质量保证术语"标准中，将质量管理的含义进行了扩展，规定："质量管理是指确定质量方针、目标和职责，并通过质量体系中的质量策划、质量控制、质量保证和质量改进来使其实现的所有管理职能的全部活动。"并说明质量管理是各级管理者的职责，但必须由最高领导者来推动，实施中涉及单位的全体成员。在质量管理活动中，必须考虑经济因素。

### 二、质量管理的发展史

**1. 工业时代以前的质量管理**

虽然在人类历史的长河中，最原始的质量管理方式已很难寻觅，但我们可以确信人类自古以来一直就面临着各种质量问题。古代的食物采集者必须了解哪些果类是可以食用的，而哪些是有毒的；古代的猎人必须了解哪些树是制造弓箭最好的木材。这样，人们在实践中获得的质量知识一代一代地流传下去。

人类社会的核心从家庭发展为村庄、部落，产生了分工，出现了集市。在集市上，人们相互交换产品（主要是天然产品或天然材料的制成品），产品制造者直接面对顾客，产品的质量由人的感官来确定。

随着社会的发展，村庄逐渐扩展为商品交换，新的行业——商业出现了。买卖双方不再直接接触了，而是通过商人来进行交换和交易。在村庄集市上通行的确认质量的方法便行不通了，于是就产生了质量担保，从口头形式的质量担保逐渐演变为质量担保书。商业的发展，要使彼此相隔遥远的连锁性厂商和经销商之间能够有效地沟通，新的发明又产生了，这就是质量规范即产品规格。这样，有关质量的信息能够在买卖双方之间直接沟通，无论距离多么遥远，产品结构多么复杂。紧接着，简易的质量检验方法和测量手段也相继产生，这就是在手工业时期的原始质量管理。

由于这个时期的质量主要靠手工操作者本人依据自己的手艺和经验来把关，因而又被称为"操作者的质量管理"。18 世纪中叶，欧洲爆发了工业革命。其产物就是"工厂"。由于工厂具有手工作坊和小作坊无可比拟的优势，导致手工作坊的解体和工厂体制的形成。工厂进行的大批量生产，带来了许多新的

## 学习情景 1：生产车间常见的检测设备

| 姓名 | 班级 | 日期 | 知识页-2 |

技术问题，如部件的互换性、标准化、工装和测量的精度等，这些问题的提出和解决，催促着质量管理科学的诞生。

2. 工业化时代的质量管理

20 世纪，人类跨入了以"机械加工化、经营规模化、资本垄断化"为特征的工业化时代。在过去的整整一个世纪中，质量管理的发展，大致经历了三个阶段：

- 质量检验阶段

20 世纪初，人们对质量管理的理解还只限于质量检验。质量检验所使用的手段是各种检测设备和仪表，方式是严格把关，进行百分之百的检验。期间，美国出现了以泰罗为代表的"科学管理运动"，"科学管理"提出了在人员中进行科学分工的要求，并将计划职能与执行职能分开，中间再加一个检验环节，以便监督、检查对计划、设计、产品标准等项目的贯彻执行。这就是说，计划设计、生产操作、检查监督各有专人负责，从而产生了一支专职检查队伍，构成了一个专职的检查部门，这样，质量检验机构就被独立出来了。起初，人们非常强调工长在保证质量方面的作用，将质量管理的责任由操作者转移到工长，故被人们称为"工长的质量管理"。后来，这一职能又由工长转移到专职检验人员，由专职检验部门实施质量检验。称为"检验员的质量管理"。

质量检验是在成品中挑出废品，以保证出厂产品质量。但这种事后检验把关，无法在生产过程中起到预防、控制的作用。废品已成事实，很难补救。但百分之百的检验，会增加检验费用。生产规模将进一步扩大，在大批量生产的情况下，其弊端就凸显出来。一些著名统计学家和质量管理专家就注意到质量检验的问题，尝试运用数理统计学的原理来解决，使质量检验既经济又准确，1924 年，美国的休哈特提出了控制和预防缺陷的概念，并成功地创造了"控制图"，把数理统计方法引入到质量管理中，把质量管理推进到新阶段。1929 年道奇（H·E·Dodge）和罗米克（H·G.Romig）发表了《挑选型抽样检验法》论文。

- 统计质量控制阶段

这一阶段的特征是数理统计方法与质量管理的结合。

第一次世界大战后期，为了在短时期内解决美国 300 万参战士兵的军装，美国贝尔研究所的休哈特对士兵的体型进行了分析，发现士兵的身高是服从正态分布的，因此他建议将军装按十种规格的不同尺寸加工不同的数量。美国国防部采纳了他的建议，结果制成的军装基本符合士兵体裁的要求。

后来，他又将数理统计的原理运用到质量管理中来，并发明了控制图。他认为质量管理不仅要搞事后检验，而且在发现有废品生产的先兆时就进行分析改进，从而预防废品的产生。控制图就是运用数理统计原理进行这种预防的工

## 学习情景1：生产车间常见的检测设备

姓名　　　　班级　　　　日期　　　　知识页-3

具。因此，控制图的出现，是质量管理从单纯事后检验转入检验加预防的标志，也是形成一门独立学科的开始。第一本正式出版的质量管理科学专著就是1931年休哈特的《工业产品质量经济控制》。

在休哈特发现控制图以后，他的同事在1929年发表了《抽样检查方法》。他们都是最早将数理统计方法引入质量管理的，为质量管理科学做出了贡献。然而，休哈特等人的创见，除了他们所在的贝尔系统以外，只有少数美国企业开始采用。特别是由于资本主义的工业生产受到了二十年代开始的经济危机的严重影响，先进的质量管理思考方法没有能够广泛推广。第二次世界大战开始以后，统计质量管理才得到了广泛应用。这是由于战争的需要，美国军工生产急剧发展，尽管大量增加检验人员，产品积压待检的情况也日趋严重，有时又不得不进行无科学根据的检查，结果不仅废品损失惊人，而且在战场上经常发生武器弹药的质量事故，比如炮弹炸膛事件等等，对士气产生了极坏的影响。在这种情况下，美国军政部门随即组织一批专家和工程技术人员，于1941～1942年间先后制订并公布了Z1.1《质量管理指南》、Z1.2《数据分析用控制图》、Z1.3《生产过程中质量管理控制图法》，强制生产武器弹药的厂商推行，并收到了显著效果。从此，统计质量管理的方法才得到很多厂商的应用，统计质量管理的效果也得到了广泛的承认。

第二次世界大战结束后，美国许多企业扩大了生产规模，除原来生产军火的工厂继续推行质量管理的条件方法以外，许多民用工业也纷纷采用这一方法，美国以外的许多国家，如加拿大、法国、德国、意大利、墨西哥、日本也都陆续推行了统计质量管理，并取得了成效。但是，统计质量管理也存在着缺陷，他过分强调质量控制的统计方法，使人们误认为"质量管理是统计专家的事"。使多数人感到高不可攀、望而生畏。同时，它对质量的控制和管理只局限于制造和检验部门，忽视了其他部门的工作对质量的影响。这样，就不能充分发挥各个部门和广大员工的积极性，制约了它的推广和运用。这些问题的出现，又把质量管理推进到一个新的阶段。

- 全面质量管理阶段

五十年代以来，生产力迅速发展，科学技术日新月异，出现了很多新情况。主要有以下几个方面：

科学技术和工业生产的发展，对质量要求越来越高。五十年代以来，火箭、宇宙飞船、人造卫星等大型、精密、复杂的产品出现，对产品的安全性、可靠性、经济性等要求越来越高，质量问题就更为突出。要求人们运用"系统工程"的概念，把质量问题作为一个有机整体加以综合分析研究，实施全员、

### 学习情景1：生产车间常见的检测设备

全过程、全企业的管理。

六十年代在管理理论上出现了"行为科学论"，主张改善人际关系，调动人的积极性，突出"重视人的因素"，注意人在管理中的作用。

随着市场竞争，尤其是国际市场竞争的加剧，各国企业都很重视"产品责任"和"质量保证"问题，加强内部质量管理，确保生产的产品使用起来安全、可靠。

由于上述情况的出现，显然，仅仅通过质量检验和运用统计方法已难以保证和提高产品质量，促使"全面质量管理"的理论逐步形成。最早提出全面质量管理概念的是美国通用电气公司质量经理阿曼德·费根堡姆。1961年，他发表了一本著作《全面质量管理》，该书强调执行质量职能是公司全体人员的责任，他提出："全面质量管理是为了能够在最经济的水平上并考虑到充分满足用户要求的条件下进行市场研究、设计、生产和服务，把企业各部门的研制质量、维持质量和提高质量活动构成为一体的有效体系"。

六十年代以来，费根堡姆的全面质量管理概念逐步被世界各国所接受，在运用时各有所长，在日本叫作全公司的质量管理（CWQC）。我国自1978年推行全面质量管理（简称TQC）以来，在实践上、理论上都有所发展，也有待于进一步探索、总结、提高。综上所述，随着生产力和科学技术的发展，质量管理的理论逐趋完善，更趋科学性、实用性。各国在运用"质量管理"理论时，都各取所长。随着国际贸易的发展，不同民族、不同国家有不同的社会历史背景，质量的观点也不一样，这往往会形成国际贸易的障碍或鸿沟。需要在质量上有共同的语言和共同的准则。

#### 三、生产车间常见的检测手段

**1. 三坐标检测**

三坐标检测是检验工件的一种精密测量方法。广泛应用于机械制造业、汽车工业等现代工业中。三坐标检测就是运用三坐标测量机对工件进行形位公差的检验和测量。判断该工件的误差是不是在公差范围之内。也叫三坐标测量。

三坐标测量

三坐标测量机的发展历经半个多世纪。它的出现是工业化发展的历史必然。一方面是由于自动机床、数控机床等高效率加工的发展以及越来越多复杂形状零件加工，需要有快速可靠的测量设备与之配套；另一方面是由于电子技术、计算机技术、数控技术以及精密加工技术的发展为其提供了技术基础。坐标测量机的出现使得测量仪器从手动方式向现代化自动测量的转变成为可能。

与传统测量仪器将被测量和机械基准进行比较测量不同的是，坐标测量机

## 学习情景1：生产车间常见的检测设备

| 姓名 | 班级 | 日期 | 知识页-5 |

的测量实际上是基于空间点坐标的采集和计算。虽然现代的测量机比早期的功能要高级很多，但基本原理是相同的，即建一个刚性的结构，此结构有三个互相垂直的轴，每个轴向安装光栅尺，并分别定义为X、Y、Z轴。为了让每个轴能够移动，每个轴向装有空气轴承或机械轴承。在垂直轴上的探测系统记录测量点任一时刻的位置。探测系统一般是由测头和接触式探针构成，探针与被测工件的表面轻微接触，获得测量点的坐标。在测量过程中，坐标测量机将工件的各种几何元素的测量转化为这些几何元素上点的坐标位置，再由软件根据相应几何形状的数学模型计算出这些几何元素的尺寸、形状、相对位置等参数。

坐标测量机作为一种精密、高效的空间长度测量仪器，它能实现许多传统测量器具所不能完成的测量工作，其效率比传统的测量器具高出十几倍甚至几十倍。而且坐标测量机很容易与CAD连接，把测量结果实时反馈给设计及生产部门，借以改进产品设计或生产流程。因此坐标测量机已经并且将继续取代许多传统的长度测量仪器。图5-1-5为三坐标检测仪。

图5-1-5　三坐标检测仪

**2. 视觉影像检测**

视觉影像检测是建立在CCD数位影像的基础上，依托于计算机屏幕测量技术和空间几何运算的软件强大能力而产生的。计算机在安装上专用控制与图形测量软件后，变成了具有软件灵魂的测量大脑，是整个设备的主体。它能快速读取光学尺的位移数

视觉影像检测

### 学习情景 1：生产车间常见的检测设备

姓名　　　班级　　　日期　　　知识页-6

值，通过建立在空间几何基础上的软件模块运算，瞬间得出所要的结果；并在屏幕上产生图形，供操作员进行图影对照，从而能够直观地分辨测量结果可能存在的偏差。

影像测量仪是一种由高解析度CCD彩色镜头、连续变倍物镜、彩色显示器、视频十字线显示器、精密光栅尺、多功能数据处理器、数据测量软件与高精密工作台结构组成的高精度光学影像测量仪器。

视觉影像检测仪适用于以二维平面测量为目的的一切应用领域。这些领域有：机械、电子、模具、注塑、五金、橡胶、低压电器，磁性材料、精密五金、精密冲压、接插件、连接器、端子、手机、家电、计算机（电脑）、液晶电视（LCD）、印刷电路板（线路板、PCB）、汽车、医疗器械、钟表、螺丝、弹簧、仪器仪表、齿轮、凸轮、螺纹、半径样板、螺纹样板、电线电缆、刀具、轴承、筛网、试验筛、水泥筛、网板（钢网、SMT模板）等。

**3. 表面粗糙度检测**

表面粗糙度测量可以通过比较法、印模法，触针法、干涉法、光切法等方法测量。图 5-1-6 为视觉影像检测仪。图 5-1-7 为表面粗糙度检测仪。

粗糙度检测

图 5-1-6　视觉影像检测仪

图 5-1-7　表面粗糙度检测仪

比较法：表面粗糙度比较样块（简称样块）根据视觉和触觉与被测表面比较，判断被测表面粗糙度相当于哪一数值，或测量其反射光强变化来评定表面粗糙度。样块是一套具有平面或圆柱表面的金属块，表面经磨、车、镗、铣、刨等切削加工，电铸或其他铸造工艺等加工而具有不同的表面粗糙度。有时可直接从工件中选出样品经过测量并评定合格后作为样块。利用样块根据视觉和

## 学习情景1：生产车间常见的检测设备

| 姓名 | 班级 | 日期 | 知识页-7 |

触觉评定表面粗糙度的方法虽然简便，但会受到主观因素影响，常不能得出正确的表面粗糙度数值。

印模法：在实际测量中，常会遇到深孔，盲孔，凹槽，内螺纹等既不能使用仪器直接测量，也不能使用样板比较的表面，这就需要用印模法。印模法是利用一些无流动性和弹性的塑性材料（如石蜡等）贴合在被测表面上，将被测表面的轮廓复制成模，然后测量印模，从而来评定被测表面的粗糙度。

触针法：利用针尖曲率半径为 2 μm 左右的金刚石触针沿被测表面缓慢滑行，金刚石触针的上下位移量由电学式长度传感器转换为电信号，经放大、滤波、计算后由显示仪表指示出表面粗糙度数值，也可用记录器记录被测截面轮廓曲线。一般将仅能显示表面粗糙度数值的测量工具称为表面粗糙度测量仪，同时能记录表面轮廓曲线的称为表面粗糙度轮廓仪（简称轮廓仪）。这两种测量工具都有电子计算电路或电子计算机，它能自动计算出轮廓算术平均偏差 $Ra$，微观不平度十点高度 $Rz$，轮廓最大高度 $Ry$ 和其他多种评定参数，测量效率高，适用于测量 $Ra$ 为 0.025～6.3 μm 的表面粗糙度。

干涉法：利用光波干涉原理（见平晶、激光测长技术）将被测表面的形状误差以干涉条纹图形显示出来，并利用放大倍数高（可达 500 倍）的显微镜将这些干涉条纹的微观部分放大后进行测量，以得出被测表面粗糙度。应用此法的表面粗糙度测量工具称为干涉显微镜。这种方法适用于测量 $Rz$ 和 $Ry$ 为 0.025～0.8 μm 的表面粗糙度。

光切法：光线通过狭缝后形成的光带投射到被测表面上，以它与被测表面的交线所形成的轮廓曲线来测量表面粗糙度。由光源射出的光经聚光镜、狭缝、物镜 1 后，以 45°的倾斜角将狭缝投影到被测表面，形成被测表面的截面轮廓图形，然后通过物镜 2 将此图形放大后投射到分划板上。利用测微目镜和读数鼓轮先读出 $h$ 值，计算后得到 $H$ 值。应用此法的表面粗糙度测量工具称为光切显微镜。它适用于测量 $Rz$ 和 $Ry$ 为 0.8～100 μm 的表面粗糙度，需要人工取点，测量效率低。

### 4. 数控机床在线检测技术

数控机床在线检测技术分为两种，一种为直接调用基本宏程序，而不用计算机辅助；另一种则要自己开发宏程序库，借助于计算机辅助编程系统，随时生成检测程序，然后传输到数控系统中。

机床在线测量

数控机床是现代高科技发展的产物，每当一批零件开始加工时，有大量的检测需要完成，包括夹具和零件的装卡、找正、零件编程原点的测定、首件零

## 学习情景1：生产车间常见的检测设备

姓名　　　　班级　　　　日期　　　　知识页-8

件的检测、工序间检测及加工完毕检测等。目前完成这些检测工作的主要手段有手工检测、离线检测和在线检测。

在线检测也称实时检测，是在加工的过程中实时对刀具进行检测，并依据检测的结果做出相应的处理。在线检测是一种基于计算机自动控制的检测技术，其检测过程由数控程序来控制。闭环在线检测的优点是：能够保证数控机床精度，扩大数控机床功能，改善数控机床性能，提高数控机床效率。

数控机床在线检测系统由软件和硬件组成。图5-1-8为数控机床在线检测仪。其组成部分通常有：

图5-1-8　数控机床在线检测仪

（1）机床本体

机床本体是实现加工、检测的基础，其工作部件是实现所需基本运动的部件，它的传动部件的精度直接影响着加工、检测的精度。

（2）数控系统

目前数控机床一般都采用CNC数控系统，其主要特点是输入存储、数控加工、插补运算以及机床各种控制功能都通过程序来实现。计算机与其他装置之间可通过接口设备连接，当控制对象或功能改变时，只需改变软件和接口。CNC系统一般由中央处理存储器和输入输出接口组成，中央处理器又由存储器、运算器、控制器和总线组成。

（3）伺服系统

伺服系统是数控机床的重要组成部分，用以实现数控机床的进给位置伺服控制和主轴转速（或位置）伺服控制。伺服系统的性能是决定机床加工精度、测量精度、表面质量和生产效率的主要因素。

学习情景1：生产车间常见的检测设备

| 姓名 | 班级 | 日期 | 知识页-9 |

（4）测量系统

测量系统由接触触发式测头、信号传输系统和数据采集系统组成，是数控机床在线检测系统的关键部分，直接影响着在线检测的精度。其中关键部件为测头，使用测头可在加工过程中进行尺寸测量，根据测量结果自动修改加工程序，改善加工精度，使得数控机床既是加工设备，又兼具测量机的某种功能。

## 学习情景 2：生产检验方法

| 姓名 | 班级 | 日期 | 任务页-1 |

### 学习情景 2： 生产检验方法

**学习任务描述**

产品质量在生产制造企业看来是发展的根本，立足的根基。无数的实例证明，只有重视产品质量，才能真正打开市场，否则只能是昙花一现。企业在利用 MES 系统进行生产管理时，如何应用把握好产品质量，是企业发展需要研究的重要课题。本节我们学习车间质量检验的基本知识，能够使用 MES 进行车间质量检验。

**学习目标**

1. 学习质量数据的特点；
2. 掌握质量管理基础信息；
3. 掌握配置质量检验的基础信息，配置检验项相关信息、建立产品缺陷车、建立质量问题类型表；
4. 学会用 MES 进行在制品的首检、尾检、抽检、全检和在线检验。

**任务书**

针对在产线加工的阶梯轴，现在需要对加工的成品进行首检、尾检、抽检、全检和在线检验，从而来判定产品的合格率，将学生分组，基于 MES 系统模拟车间的质量管理，实现在制品的首检、尾检、抽检、全检和在线检验，使用 MES 系统进行不合格品的返工、报废处理和质量分析，使学生掌握在车间的质量管理知识和 MES 的质量管理功能。

**任务分组**

将班级学生分组，分为 4~6 组，由轮值安排生成组长，使每个人都有锻炼组织协调能力和管理能力的机会。每人都有明确的任务分工，分别担任生产、首检、尾检、抽检、全检，模拟工厂的质量管理工作。注意培养学生的团队协作能力。学生任务分组表见表 5-2-1。

**学习情景 2：生产检验方法**

| 姓名 | | 班级 | | 日期 | | 任务页-2 |

表 5-2-1  学生任务分组表

| 班级 | | 组号 | | 任务 | |
|---|---|---|---|---|---|
| 组长 | | 学号 | | 指导老师 | |
| 组员 | 学号 | 角色指派 | | | 备注 |
| | | | | | |
| | | | | | |
| | | | | | |
| | | | | | |
| | | | | | |
| | | | | | |
| | | | | | |
| | | | | | |

*学习笔记*

## 学习情景 2：生产检验方法

姓名　　　　　班级　　　　　日期　　　　　信息页-1

### 获取信息

? 引导问题 1：查阅资料，学习质量数据都有哪些？具备哪些特性？

? 引导问题 2：常见的质检方法。

? 引导问题 3：查阅资料，学习什么是质检计划。

? 引导问题 4：产品进行质量统计分析的时候，常用的评价指标有哪些？

? 引导问题 5：查阅资料，了解什么是全检？

? 引导问题 6：查阅资料，了解什么是抽检？

? 引导问题 7：查阅资料，了解什么是巡检？

## 学习情景 2：生产检验方法

| 姓名 | 班级 | 日期 | 计划页-1 |

### 工作计划

按照任务书要求，在 MES 系统中，开展在制品的首检、尾检、抽检、全检、在线检验；不合格品的返工、报废处理和质量分析，在表 5-2-2 中进行任务角色分派。

表 5-2-2　角色扮演表

| 步骤 | 工作内容 | 角色 | 负责人 |
|---|---|---|---|
|  |  |  |  |
|  |  |  |  |
|  |  |  |  |
|  |  |  |  |
|  |  |  |  |
|  |  |  |  |

引导问题 8：在质检过程中，首检、尾检、抽检、全检、在线检验的任务发起方和接收方分别是

_____

_____

小提示：

所有人员都要学会使用 MES 的 PC 端软件和移动终端。

## 学习情景 2：生产检验方法

| 姓名 | 班级 | 日期 | 实施页-1 |

### 工作实施

按以下步骤实施：

（1）物料异常配置

在 MES 软件中点击物料管理模块，之后进行物料异常配置，以此作为质检的依据，在物料异常设置中给物料添加异常，如图 5-2-1 所示。

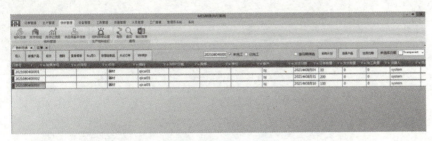

图 5-2-1　物料异常配置

（2）打开质量管理模块，如图 5-2-2 所示。

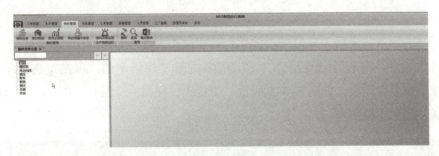

图 5-2-2　质量管理模块

（3）为物料配置质检项，如图 5-2-3 所示。

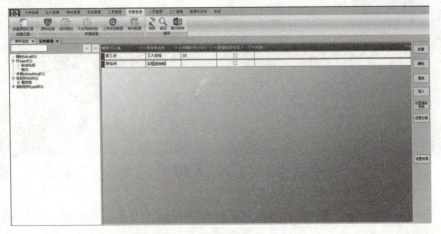

图 5-2-3　给在制品添加质检项

（4）设置质检值的范围，如图 5-2-4 所示，表示质检项的合理范围，即质检合格范围。

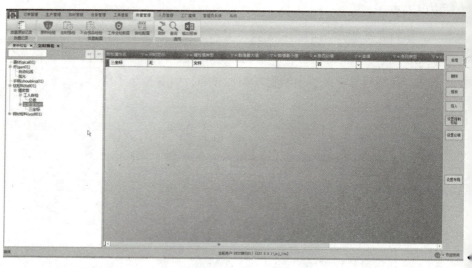

图 5-2-4　质检项的属性值配置

（5）配置完成后，经过派工操作，可在操作人员之间终端中进行相应工序的质检设置；本书所用的 MES 系统的质检是和工序绑定的，可在每道工序中设置质检是否开启，如图 5-2-5 所示，质检人员根据检验结果，即可提取质检数据，提交质检结果。

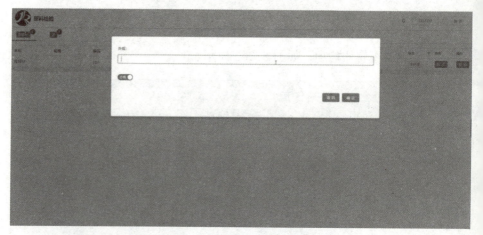

图 5-2-5　质检数据填写

（6）首检是否开启，可在作业人员终端设定，如图 5-2-6 所示。
尾检、抽检、全检、在线检验的设置类似，不再赘述。

### 学习情景 2：生产检验方法

姓名　　　　　班级　　　　　日期　　　　　实施页-3

图 5-2-6　首检开启

## 学习情景 2：生产检验方法

| 姓名 | 班级 | 日期 | 检查页-1 |

### 检查验收

根据各小组在 MES 中制定的质量检验和不合格处理的任务完成情况，按照验收标准进行检查验收和评价，并将验收问题、整改措施及完成时间进行记录。验收标准及评分表见表 5-2-3，验收过程问题记录表见表 5-2-4。

表 5-2-3 验收标准及评分表

| 序号 | 验收项目 | 验收标准 | 分值 | 教师评分 | 备注 |
| --- | --- | --- | --- | --- | --- |
|  |  |  |  |  |  |
|  |  |  |  |  |  |
|  |  |  |  |  |  |
|  |  |  |  |  |  |
|  |  |  |  |  |  |
|  |  |  |  |  |  |

表 5-2-4 验收过程问题记录表

| 序号 | 验收问题记录 | 整改措施 | 完成时间 | 备注 |
| --- | --- | --- | --- | --- |
|  |  |  |  |  |
|  |  |  |  |  |
|  |  |  |  |  |
|  |  |  |  |  |
|  |  |  |  |  |

## 学习情景 2：生产检验方法

| 姓名 | 班级 | 日期 | 评价页-1 |

  学习笔记

**评价反馈**

各组展示作品，介绍任务的完成过程并提交阐述材料，进行学生自评、学生组内互评、教师评价，完成考核评价表。考核评价表见表 5-2-5。

❓ **引导问题 9**：在本次完成任务的过程中，给你印象最深的是哪件事？自己的职业能力有哪些明显提高？

表 5-2-5　考核评价表

| 评价项目 | 评价内容 | 分值 | 自评 20% | 互评 20% | 师评 60% | 合计 |
|---|---|---|---|---|---|---|
| 职业素养 40 分 | 爱岗敬业，安全意识、责任意识、服从意识 | 10 | | | | |
| | 积极参加任务活动，按时完成工作页 | 10 | | | | |
| | 团队合作、交流沟通能力，集体主义精神 | 10 | | | | |
| | 劳动纪律，职业道德 | 5 | | | | |
| | 现场 6s 标准，行为规范 | 5 | | | | |
| 专业能力 60 分 | 专业资料检索能力，中外品牌分析能力 | 10 | | | | |
| | 制订计划能力，严谨认真 | 10 | | | | |
| | 操作符合规范，精益求精 | 15 | | | | |
| | 工作效率，分工协作 | 10 | | | | |
| | 任务验收质量，质量意识 | 15 | | | | |
| | 合计 | 100 | | | | |
| 创新能力 加分 20 | 创新性思维和行动 | 20 | | | | |
| | 总计 | 120 | | | | |
| | 教师签名：　　　　　学生签名： | | | | | |

## 学习情景 2：生产检验方法

姓名　　　　班级　　　　日期　　　　知识页-1

### 一、生产检验方法

生产检验是指生产者为了维护企业的运营，达到保证质量的目的而对原料、半成品和成品等进行的检验活动。在制造企业中，生产检验一般包括外购物资入厂的进货检验，产品生产中的工序检验，产品出厂的成品检验，具体的方式方法是多种多样的。在组织检验中选用合适的方式方法，建立科学的检验程序，不仅可以正确反映产品质量状况，还可以缩短检验时间、提高检验质量、节约检验费用。

1. 外购件的质量检验

生产企业外购的原材料、元器件、标准件、配套件、外协件，统称为外购件。企业生产出产品需要用许多种外购件，为确保产品质量，加强和做好外购件的质量检验是十分重要的环节。所谓外购件检验，主要指企业购进的原材料、外购配套件和外协件入厂时的检验，这是保证生产正常进行和确保产品质量的重要措施，入厂时的验收检查应配备专门的质检人员，按照规定的检查内容、检验方法及检验数量进行严格认真的检验。外购件检验包括首件（批）样品检验和成批进货检验两种。

2. 首件（批）样品检验

首件（批）样品检验的目的，主要是对供应单位所提供的产品质量水平进行评价，并建立具体的衡量标准。所以首件（批）检验样品，必须对今后的产品有代表性，以便作为以后进货的比较基准。通常在以下几种情况下应对供货单位进行首件（批）检验。①首次交货；②设计或产品结构有重大变化；③工艺方法有重大变化，如采用了新工艺或特殊工艺方法，也可能是停产很长时间后重新恢复生产。

3. 成批进货检验

成批进货检验是为了防止不合标准的原材料、外购件、外协件进入企业的生产过程，以免产生不合格品。成批进货检验，可按不同情况进行 A、B、C 分类，A 类是关键的，必检；B 类是重要的，可以全检或抽检；C 类是一般的，可以实行抽检或免检。这样，既能保证质量，又可减少检验工作量。成批进货检验既可在供货单位进行，也可以在购货单位进行，但为了保证检验的工作质量，防止漏检和错检，一般应制定"入库检验指导书"或"入库检验细则"，其形式和内容可根据具体情况设计或规定。

## 学习情景 2：生产检验方法

| 姓名 | 班级 | 日期 | 知识页-2 |

进货物料经检验合格后，检验人员应做好检验记录并在入库单签字或盖章，及时通知库房收货，做好保管工作。如检验后不合格，应按不合格品管理制度全部退货或处理工作退货，处理具体工作可由归口责任部门负责，对于原材料、标准件、配套件的入厂检验，往往要进行理化检验，如分析化学成分、机械性能试验、金相组织鉴定等工作，验收时要注意材质、规格、批号等是否符合规定。

### 二、产品生产过程中的检验

产品生产过程中的质量检验目的是为了防止出现大批不合格品，避免不合格品流入下道工序继续进行加工。因此，过程检验不仅要检验产品，还要检验影响产品质量的主要工序要素：人员、机器、材料、方法、环境等客观因素，因此，过程检验可起到两种作用：一是根据检测结果对产品做出判定，即产品质量是否符合设计图样和技术标准的要求；二是根据检测结果对工序做出判定，即过程中各个要素是否处于正常的稳定状态，从而决定工序是否应该继续进行生产。过程检验通常有三种形式：

1. 自检

就是生产者对自己生产的产品，按照作业指导书规定的技术标准自行进行检验，并作出是否合格的判断。这种检验充分体现了生产工人必须对自己生产产品的质量负责。通过自我检验，使生产者了解自己生产的产品在质量上存在的问题，并开动大脑，寻找出现问题的原因，进而采取改进的措施，这也是工人参与质量管理的重要形式。

2. 巡检

巡检又称巡回检验，是检验工人按一定的时间间隔和路线，依次到工作地或生产现场，用抽查的形式检查刚加工出来的产品是否符合设计图样、工艺或检验指导书中所规定的要求。在大批量生产时，巡回检验一般与使用工序控制图相结合，对生产过程发生异常状态实行报警，防止成批出现废品的重要措施。当巡回检验发现工序问题时，应进行两项工作：一是寻找工序不正常的原因，并采取有效的纠正措施；二是对上次巡检后到本次巡检前所生产的产品，全部进行重检和筛选，以防不合格品流入下道工序。

3. 互检

互检就是生产工人相互之间进行检验。互检主要有：下道工序对上道工序流转过来的产品进行检验；小组质量员或班组长对本小组工人加工出来的产品进行抽检等。这种检验不仅有利于保证加工质量，防止疏忽大意而造成成批的

## 学习情景 2：生产检验方法

| 姓名 | 班级 | 日期 | 知识页-3 |

废品出现，而且有利于搞好班组团建，加强工人之间良好的群体关系。

### 三、产品出厂的质量检验

产品出厂的质量检验又称最终检验，它是指在某一加工或装配车间全部工序结束后的半成品或成品的检验。对于半成品来说，往往是指零部件入库前的检验。半成品入库前，必须由专职的检验人员，根据情况实行全检或抽检，如果在工序加工时生产工人实行100%的自检，一般在入库前可实行抽样检验，否则应由专职检验人员实行全检后才能接收入库。但有的企业在实行抽样检验时，如发现不合乎要求的，也要进行全检，重新筛选。

生产检验的主要任务是根据设计图样或技术标准的要求，对产品质量形成的全过程进行经常性的预防检验，对最终产品进行质量把关检验，并签发出厂合格证。它是企业对内对外质量保证的重要手段，是企业质量管理和质量体系的要素之一，主要能起到以下作用：

1. 评价作用

企业检验机构根据设计图样、技术标准、工艺规程或订货合同的规定对产品进行检验，并将检验结果与设计图样或技术标准对比，作出符合或不符合标准的判断，或对产品质量水平进行评价，以指导生产、商品交换和企业经济活动。

2. 把关作用

检验人员通过对原材料、半成品、成品的检验。鉴别、分选、剔除不合格品，并决定该产品是否接收与放行，严格把住每个环节的质量关，做到不合格的产品不出场；不合格的原材料、零部件不投料、组装；已规定淘汰的产品和没有质量保证的产品不生产；假冒、次劣产品不进入市场流通。同时，通过检验，对合格品签发产品合格证，也是对内对外的一种质量保证。

3. 预防作用

通过入厂检验、首件检验、工序检验和抽样检验。及早地发现并排除原材料、外购件、外协件、半成品中的不合格品，以预防不合格品流入下道工序造成更大的损失。同时通过对生产过程中的质量检验，掌握质量动态，为质量控制提供依据，及时发现质量问题，以预防和减少不合格品的生产，防止大批产品报废的质量事故发生。

4. 信息反馈作用

通过生产检验，搜集数据，发现不符合设计图样或技术标准的质量问题及时做好记录，进行统计、分析和评价并报告领导，反馈给生产技术、工艺设计等部门，以便采取相应措施，改进和提高产品质量。

| 姓名 | 班级 | 日期 | 任务页-1 |
|---|---|---|---|
| | | | |

## 学习情景3：不合格品管理

### 学习任务描述

作为一个生产企业，加强不合格品管理非常重要，一方面能降低生产成本，提高企业的经济效益；另一方面能保证产品质量，生产用户满意的产品，对实现较好的社会效益也起着重要作用。下面，我们来探讨一下如何更好地加强不合格品管理。

### 学习目标

1. 学会使用MES系统进行不合格品的返工、报废处理和质量分析功能；
2. 通过小组合作培养团队协作精神，掌握MES的质检模块的使用。

### 任务书

现在有一批零件，使用MES系统进行不合格品的返工、报废处理和质量分析，使学生掌握在车间的质量管理知识和MES的质量管理功能。

### 任务分组

将班级学生分组，分为4~6组，由轮值安排生成组长，使每个人都有锻炼组织协调能力和管理能力的机会。每人都有明确的任务分工，分别担任不合格品的返工、报废处理和质量分析的角色，模拟工厂的质量管理过程。注意培养学生的团队协作能力。学生任务分组表见表5-3-1。

表5-3-1　学生任务分组表

| 班级 | | 组号 | | 任务 | |
|---|---|---|---|---|---|
| 组长 | | 学号 | | 指导老师 | |
| 组员 | 学号 | 角色指派 | | | 备注 |
| | | | | | |
| | | | | | |
| | | | | | |
| | | | | | |

## 学习情景 3：不合格品管理

 学习笔记

姓名　　　　班级　　　　日期　　　　信息页-1

**获取信息**

- 引导问题 1：不合格品的概念。

- 引导问题 2：在 MES 中，不合格品的返工、报废处理和质量分析有无任务发起方和接受方？分别是哪些人员？

- 引导问题 3：查阅资料，了解引起产品不合格的常见原因。

- 引导问题 4：查阅资料，了解不合格品的返工或报废的标准。

- 引导问题 5：查阅资料，了解不合格品的返工或报废的流程。

- 引导问题 6：售后不合格品在 MES 中怎么处理？

- 引导问题 7：外购、外协加工的不合格品在 MES 中的处理流程。

## 学习情景 3：不合格品管理

| 姓名 | 班级 | 日期 | 计划页–1 |

学习笔记

**工作计划**

按照任务书要求，在 MES 系统中开展不合格品的返工、报废处理，在表 5-3-2 中进行任务角色分派，在表 5-3-3 中列出所检测产品的不合格原因和处理方法。

表 5-3-2　角色扮演表

| 步骤 | 工作内容 | 角色 | 负责人 |
|---|---|---|---|
|  |  |  |  |
|  |  |  |  |
|  |  |  |  |
|  |  |  |  |
|  |  |  |  |
|  |  |  |  |
|  |  |  |  |

表 5-3-3　不合格品处理

| 序号 | 姓名 | 产品名称 | 不合格品原因 | 处理方法 | 备注 |
|---|---|---|---|---|---|
|  |  |  |  |  |  |
|  |  |  |  |  |  |
|  |  |  |  |  |  |
|  |  |  |  |  |  |
|  |  |  |  |  |  |
|  |  |  |  |  |  |
|  |  |  |  |  |  |
|  |  |  |  |  |  |
|  |  |  |  |  |  |

## 学习情景 3：不合格品管理

| 姓名 | 班级 | 日期 | 实施页-1 |

### 工作实施

按以下步骤实施：

（1）打开车间工人操作界面，界面中有不合格品处理按钮。如图 5-3-1 所示，根据检验结果，可以进行返工或者报废处理，将不合格品返工到对应工位，如果报废则无须绑定设备，直接报废提交即可。

图 5-3-1　车间工人操作界面

（2）在质量管理模块中，选择不合格品检验，可以对不合格的产品进行操作，由企业管理人员做相应处理，如图 5-3-2 所示。

图 5-3-2　不合格品处理

## 学习情景 3：不合格品管理

| 姓名 | | 班级 | | 日期 | | 检查页-1 | |

学习笔记

### 检查验收

根据各小组在 MES 中制定的质量检验和不合格品处理的任务完成情况，按照验收标准进行检查验收和评价，并将验收问题、整改措施及完成时间进行记录。验收标准及评分表见表 5-3-4，验收过程问题记录表见表 5-3-5。

表 5-3-4  验收标准及评分表

| 序号 | 验收项目 | 验收标准 | 分值 | 教师评分 | 备注 |
| --- | --- | --- | --- | --- | --- |
|  |  |  |  |  |  |
|  |  |  |  |  |  |
|  |  |  |  |  |  |
|  |  |  |  |  |  |
|  |  |  |  |  |  |

表 5-3-5  验收过程问题记录表

| 序号 | 验收问题记录 | 整改措施 | 完成时间 | 备注 |
| --- | --- | --- | --- | --- |
|  |  |  |  |  |
|  |  |  |  |  |
|  |  |  |  |  |
|  |  |  |  |  |
|  |  |  |  |  |

## 学习情景3：不合格品管理

| 姓名 | 班级 | 日期 | 评价页-1 |

### 评价反馈

各组展示作品，介绍任务的完成过程并提交阐述材料，进行学生自评、学生组内互评、教师评价，完成考核评价表。考核评价表见表5-3-6。

❓ 引导问题8：在本次完成任务的过程中，给你印象最深的是哪件事？自己的职业能力有哪些明显提高？

❓ 引导问题9：你对MES生产管理了解了多少？还想继续学习关于MES的哪些内容？

表5-3-6 考核评价表

| 评价项目 | 评价内容 | 分值 | 自评 20% | 互评 20% | 师评 60% | 合计 |
|---|---|---|---|---|---|---|
| 职业素养 40分 | 爱岗敬业，安全意识、责任意识、服从意识 | 10 | | | | |
| | 积极参加任务活动，按时完成工作页 | 10 | | | | |
| | 团队合作、交流沟通能力，集体主义精神 | 10 | | | | |
| | 劳动纪律，职业道德 | 5 | | | | |
| | 现场6s标准，行为规范 | 5 | | | | |
| 专业能力 60分 | 专业资料检索能力，中外品牌分析能力 | 10 | | | | |
| | 制订计划能力，严谨认真 | 10 | | | | |
| | 操作符合规范，精益求精 | 15 | | | | |
| | 工作效率，分工协作 | 10 | | | | |
| | 任务验收质量，质量意识 | 15 | | | | |
| | 合计 | 100 | | | | |
| 创新能力 加分20 | 创新性思维和行动 | 20 | | | | |
| | 总计 | 120 | | | | |
| | 教师签名： | | | 学生签名： | | |

# 项目 6　设备管理

## 项目导读

### 知识目标

1. 了解企业设备管理中的基本概念，例如设备台账、预防性维修、大修、维修、点检、润滑、保养、备件等概念；
2. 理解企业设备管理各种维护活动的内容；
3. 理解 MES 系统中设备管理模块实现的功能。

### 技能目标

1. 学会在 MES 系统中进行设备信息管理；
2. 学会在 MES 系统中进行设备维护活动。

### 项目背景

设备是制造企业进行生产的主要物质技术基础，制造企业的生产率、产品质量、生产成本都与设备直接相关。因此，正确使用、定时保养、及时检修维护设备，并对设备的运行性能进行分析，使设备处于良好的状态，才能保证企业进行高质量、低成本的生产，并按计划完成生产任务，从而提高企业的经济效益。

### 项目描述

设备管理系统，主要提供企业设备的档案管理、设备辅助资料维护、统计日常运行情况和设备点检情况，制订保养和润滑计划，记录保养和润滑计划的执行情况，提供设备维修的申请管理，维修计划的制订，维修工单的执行情况以及维修的验收记录，统计设备事故并分析事故原因，提出事故改善措施和改善情况反馈等设备日常维护管理工作，实现用户维护设备的主要信息，根据设备运行、设备事故、保养、润滑、维修情况的统计数据，进行分析，对设备进行预防性保养和维修，提高设备的使用寿命，从而降低成本，提高企业的经济效益。

本项目通过任务一，完成某汽车零部件生产车间设备台账及工装夹具、模具的管理工作；通过任务二，模拟企业设备维保工作流程，完成设备的维护与保养工作。

学习情景 1：设备信息管理

| 姓名 | 班级 | 日期 | 任务页–1 |

 学习笔记

## 学习情景 1：设备信息管理

 **学习任务描述**

生产车间主要包括以下几种生产设备：锯床、数控车床、数控铣床、锻压机、精密剪等；同时涵盖了设备相关的工装夹具，设备所需的备品备件，以及生产产品所需的模具等，这些都是设备信息管理的内容。此任务需要将以上设备相关信息整理录入到系统，同时对这些基础信息进行日常管理。

 **学习目标**

主要完成某汽车零件锻造车间设备信息的管理工作，通过本任务的学习，达到以下学习目标：

1. 了解企业设备管理中的基本概念，例如设备台账、预防性维修、大修、维修、点检、润滑、保养、备件等概念；

2. 理解 MES 系统中设备管理模块实现的功能；

3. 学习如何在 MES 系统中建立设备台账信息，如何进行备件管理，如何进行工装夹具管理以及模具管理；

4. 认知车间生产设备信息的构成，掌握利用 MES 管理生产设备信息的基本方法。

 **任务书**

通过一个模拟汽车零部件制造企业生产车间，收集车间生产设备相关信息，建立设备台账信息；同时完成设备维修过程中备件的管理。并且学习企业车间的工装夹具管理方法，维修设备的模具管理等内容。

 **任务分组**

将班级学生分组，6 人或 7 人为一组。

设置 2 名设备管理人员，负责整理设备台账工作，并录入到 MES 设备管理系统中；

设置 2 名备件管理人员，负责生产车间设备的备件管理工作；

MES 应用与实践——任务页、信息页、计划页、实施页、检查页、评价页、知识页 ■ 197

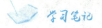

### 学习情景1：设备信息管理

| 姓名 | | 班级 | | 日期 | | 任务页-2 |

设置2名工装夹具、模具管理人员，分别负责工装夹具、模具管理工作。

模拟数字工厂的设备管理人员，各组组员交替轮换角色，完成各项工作。注意培养学生的团队协作能力。学生任务分组表见表6-1-1。

表6-1-1 学生任务分组表

| 班级 | | 组号 | | 任务 | |
|---|---|---|---|---|---|
| 组长 | | 学号 | | 指导老师 | |
| 组员 | 学号 | 角色指派 | | | 备注 |
| | | | | | |
| | | | | | |
| | | | | | |
| | | | | | |
| | | | | | |
| | | | | | |

## 学习情景1：设备信息管理

姓名　　　　班级　　　　日期　　　　信息页-1

 学习笔记

**获取信息**

❓ 引导问题1：自主学习设备管理相关知识。

❓ 引导问题2：你知道设备管理由工厂的哪个部门负责吗？这个部门的人员工作一般是怎样分工的？

❓ 引导问题3：一个生产制造型车间主要有哪些设备？能够举例说出几种常见设备类型。

❓ 引导问题4：设备管理主要从哪几个方面进行？

❓ 引导问题5：能否列出一台设备的基本信息都有哪些？这些基本信息都表示什么意思？（举例：设备编号，设备名称，设备型号等），小组讨论，查找资料填写到表6-1-2中。

❓ 引导问题6：查找资料，车间是怎么进行设备备件管理的？

❓ 引导问题7：查找资料，车间是怎么进行工装夹具管理的？

❓ 引导问题8：查找资料，车间是怎么进行模具管理的？

学习情景 1：设备信息管理

| 姓名 | 班级 | 日期 | 信息页-2 |

表 6-1-2　设备信息表

| 序号 | 信息字段 | 表示内容 | 备注 |
|---|---|---|---|
| 1 | 设备编号 | 设备在车间唯一的标识 | 不能重复 |
| 2 | 设备名称 | 设备的名称 | |
| 3 | | | |
| 4 | | | |
| 5 | | | |
| | | | |
| | | | |
| | | | |

❓ 引导问题 9：思考如何在 MES 系统中进行设备、备件、工装夹具、模具管理？

### 学习情景 1：设备信息管理

| 姓名 | 班级 | 日期 | 计划页-1 |

 学习笔记

**工作计划**

按照任务书要求和获取的信息，根据每个小组人员分工，分类完成工作任务。填写表 6-1-3，表 6-1-4，表 6-1-5，表 6-1-6。

表 6-1-3 设备台账表

| 序号 | 设备编码 | 设备名称 | 设备台账信息 |
|---|---|---|---|
| | | | |
| | | | |
| | | | |
| | | | |
| | | | |
| | | | |
| | | | |
| | | | |

表 6-1-4 设备备件表

| 序号 | 备件编码 | 备件名称 | 使用设备 | 备件信息 | 数量 | 计量单位 | 寿命 |
|---|---|---|---|---|---|---|---|
| | | | | | | | |
| | | | | | | | |
| | | | | | | | |
| | | | | | | | |
| | | | | | | | |
| | | | | | | | |
| | | | | | | | |
| | | | | | | | |

表 6-1-5 工装夹具表

| 序号 | 工装夹具编码 | 工装夹具名称 | 使用设备 | 工装夹具信息 | 数量 | 计量单位 | 寿命 |
|---|---|---|---|---|---|---|---|
| | | | | | | | |
| | | | | | | | |
| | | | | | | | |

学习情景 1：设备信息管理

姓名　　　　　班级　　　　　日期　　　　　计划页-2

续表

| 序号 | 工装夹具编码 | 工装夹具名称 | 使用设备 | 工装夹具信息 | 数量 | 计量单位 | 寿命 |
|---|---|---|---|---|---|---|---|
|  |  |  |  |  |  |  |  |
|  |  |  |  |  |  |  |  |
|  |  |  |  |  |  |  |  |
|  |  |  |  |  |  |  |  |
|  |  |  |  |  |  |  |  |

表 6-1-6　模具表

| 序号 | 模具编码 | 模具名称 | 使用工序 | 使用次数 | 模具信息 | 数量 | 计量单位 | 寿命 |
|---|---|---|---|---|---|---|---|---|
|  |  |  |  |  |  |  |  |  |
|  |  |  |  |  |  |  |  |  |
|  |  |  |  |  |  |  |  |  |
|  |  |  |  |  |  |  |  |  |
|  |  |  |  |  |  |  |  |  |
|  |  |  |  |  |  |  |  |  |

## 学习情景 1：设备信息管理

| 姓名 | 班级 | 日期 | 实施页–1 |

### 工作实施

根据工作计划中整理的信息，分步骤完成以下工作内容：

#### 一、设备台账

维护设备基础信息，可以手动新增或者批量导入设备信息，对已有设备信息进行修改、删除、查询，还可以上传设备相关的附件。

支持按照模板导入，具体操作顺序为：编辑下述设备清单模板（设备编码唯一），点击"导入"选择此文件即可。

设备清单导入.xlsx

同时可为设备导入相关说明文件等，选中设备点击"上传附件"选择文件即可，如图 6-1-1 所示。

图 6-1-1　手动维护设备台账

#### 二、备件管理

为了缩短设备修理停机时间，事先组织采购、制造和储备一定数量的配件作为备件。备件是设备修理的主要物质基础，及时供应备件，可以缩短修理时间、减少停机损失；供应质量优良的备件，可以保证修理质量和修理周期，提高设备的可靠性。具体功能包含备件 BOM 管理、备件寿命跟踪和定期检修等。

## 学习情景1：设备信息管理

| 姓名 | 班级 | 日期 | 实施页-2 |

### 1. 客户端配置

首先，需要在客户端物料总表中增加相应的备件，需要注意的是备件设置中，"追溯方式"必须设置单件追溯，"使用寿命"需要设置。如图 6-1-2、图 6-1-3 所示。

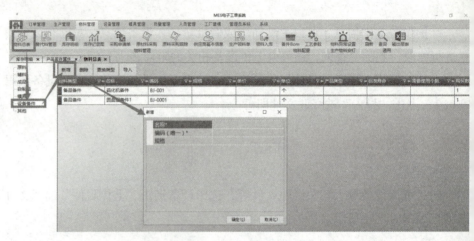

图 6-1-2　新增备件信息

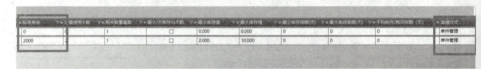

图 6-1-3　备件详细信息设置

设置完成后，进入库存明细中新增盘点，给该备件一定的数量。（如果显示不出来执行定时任务即可），如图 6-1-4 所示。

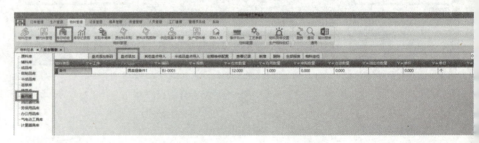

图 6-1-4　手动盘点增加备件数量

然后，再于备件 BOM 中添加与设备相关的备件即可，如图 6-1-5 所示。

### 2. WEB 端操作

登录网页端，然后选择"备件查看替换"按钮，如图 6-1-6 所示。

进入界面之后，点击搜索，选择需要替换的设备，如图 6-1-7 所示。

## 学习情景 1：设备信息管理

| 姓名 | 班级 | 日期 | 实施页-3 |

学习笔记

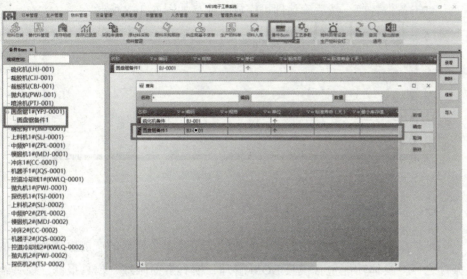

图 6-1-5　备件与设备关联

图 6-1-6　备件查看替换界面入口

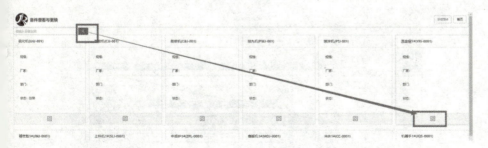

图 6-1-7　备件查看与更换界面

学习情景 1：设备信息管理

点击备件替换、然后确认即可完成替换，如图 6-1-8 所示。

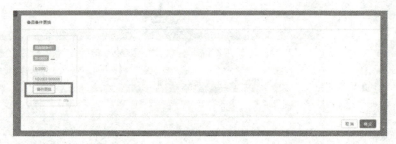

图 6-1-8　备件替换

### 三、模具管理

维护设备所用模具信息，模具对应的机组及单个模具的产能也作为排产的条件之一。具体功能包含模具 BOM 管理、模具寿命跟踪、模具报修、模具维修与报废、模具入库和模具领用。

1. 模具台账管理

使用"物料总表"内新增相关模具的物料，并在"库存详细"中进行盘点新增。同样的模具也可以设置为单件、普通管理，如图 6-1-9 所示。

图 6-1-9　模具台账管理

2. 模具 BOM 管理

对产品的模具 BOM 进行维护，绑定工艺与需要使用的模具，实现开报工操作对模具使用情况（次数、寿命等等）的记录，如图 6-1-10 所示。

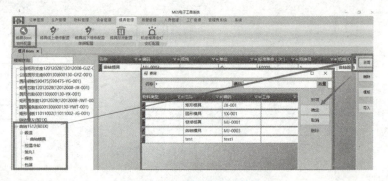

图 6-1-10　模具 BOM 管理

## 学习情景 1：设备信息管理

姓名　　　　班级　　　　日期　　　　实施页-5

3. 模具线上维修

图 6-1-11 为配置方法。

图 6-1-11　模具线上维修管理

线上维修是指工人操作台上的使用中出现问题需要报修（模具的使用方法为：库中—工人操作台—开工—模具扫码—使用中），填写条目后点确定，会触发模具安灯，如图 6-1-12 所示。

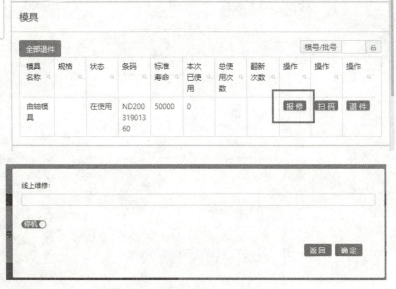

图 6-1-12　模具线上维修操作

设备维修开报工的操作同理进行即可，如图 6-1-13 所示。

4. 模具线下维修与报废

线下维修主要是模具维修人员对模具在未使用时或在库中时的检查，此项不会触发系统的安灯，如图 6-1-14 所示。

## 学习情景 1：设备信息管理

| 姓名 | 班级 | 日期 | 实施页-6 |

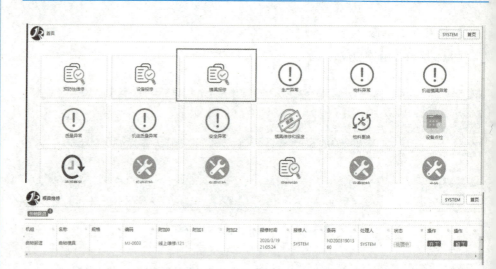

图 6-1-13　模具报修报工

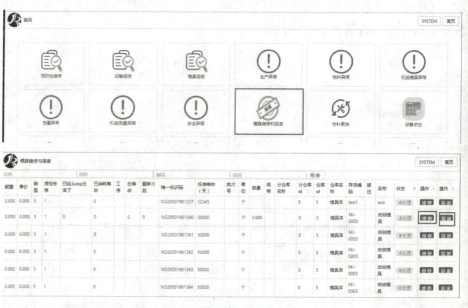

图 6-1-14　模具线下维修与报废操作

## 学习情景 1：设备信息管理

| 姓名 | | 班级 | | 日期 | | 检查页-1 | |

### 检查验收

根据各小组在 MES 中分配的工作任务完成情况，按照验收标准进行检查验收和评价，包括设备信息、备件信息、工装夹具信息、模具信息管理等内容。并将验收问题、整改措施及完成时间进行记录。验收标准及评分表见表 6-1-7，验收过程问题记录表见表 6-1-8。

表 6-1-7 验收标准及评分表

| 序号 | 验收项目 | 验收标准 | 分值 | 教师评分 | 备注 |
|---|---|---|---|---|---|
| 1 | 设备信息管理 | 设备信息录入正常 | | | |
| 2 | 备件信息管理 | 备件信息录入正常 | | | |
| 3 | 工装夹具管理 | 工装夹具信息录入正常 | | | |
| 4 | 模具信息管理 | 模具信息录入正常 | | | |
| | 合计 | | 100 | | |

表 6-1-8 验收过程问题记录表

| 序号 | 验收问题记录 | 整改措施 | 完成时间 | 备注 |
|---|---|---|---|---|
| | | | | |
| | | | | |
| | | | | |
| | | | | |

## 学习情景 1：设备信息管理

| 姓名 | 班级 | 日期 | 评价页-1 |

### 评价反馈

各组展示设备管理工作实施结果，介绍任务的完成过程并提交阐述材料，进行学生自评、学生组内互评、教师评价，完成考核评价表。考核评价表见表 6-1-9。

**引导问题 10**：在本次完成任务的过程中，给你印象最深的是哪件事？自己的职业能力有哪些明显提高？

_____

_____

**引导问题 11**：你对企业设备相关信息了解了多少？还想继续学习关于企业设备管理方面的哪些内容？

_____

_____

**引导问题 12**：你对 MES 设备信息管理了解了多少？还想继续学习关于 MES 的哪些内容？

_____

_____

表 6-1-9 考核评价表

| 评价项目 | 评价内容 | 分值 | 自评 20% | 互评 20% | 师评 60% | 合计 |
|---|---|---|---|---|---|---|
| 职业素养 40 分 | 爱岗敬业，安全意识、责任意识、服从意识 | 10 | | | | |
| | 积极参加任务活动，按时完成工作页 | 10 | | | | |
| | 团队合作、交流沟通能力，集体主义精神 | 10 | | | | |
| | 劳动纪律，职业道德 | 5 | | | | |
| | 现场 6s 标准，行为规范 | 5 | | | | |
| 专业能力 60 分 | 专业资料检索能力，中外品牌分析能力 | 10 | | | | |
| | 制订计划能力，严谨认真 | 10 | | | | |
| | 操作符合规范，精益求精 | 15 | | | | |
| | 工作效率，分工协作 | 10 | | | | |
| | 任务验收质量，质量意识 | 15 | | | | |

学习情景 1：设备信息管理

| 姓名 | 班级 | 日期 | 评价页-2 |

续表

| 评价项目 | 评价内容 | 分值 | 自评 20% | 互评 20% | 师评 60% | 合计 |
|---|---|---|---|---|---|---|
|  | 合计 | 100 |  |  |  |  |
| 创新能力加分 20 | 创新性思维和行动 | 20 |  |  |  |  |
|  |  |  |  |  |  |  |
|  | 总计 | 120 |  |  |  |  |
|  | 教师签名： | | | 学生签名： | | |

## 学习情景 1：设备信息管理

姓名　　　　班级　　　　日期　　　　知识页—1

**拓展知识**

### 一、设备管理系统

设备管理系统针对企业设备的基础资料、保养、维修、润滑、设备事故统计、设备折旧等管理，提供对设备进行统一的管理功能，实现用户维护设备的相关信息，对设备做保养、检测、润滑、维修计划，同时反映设备检测、保养、润滑、维修情况，以及保养、润滑、维修过程中发生的物料耗用、资源耗用、人工耗用情况，记录设备的设备事故与原因分析，通过与固定资产相连接，实现设备的折旧处理。与资源相连接，根据设备维修计划实现设备能力的动态调整，实现对设备的物质形态和价值形态的过程管理。

设备管理系统具有以下特点：设备管理是对设备静态数据和设备运行维护过程的业务数据进行记录和管理，便于生产各环节了解生产设备运行状态。

1）可进行灵活多纬度的设备分类管理；
2）可建立丰富的设备档案资料；
3）可建立并引用不同的点检、保养、润滑、维修规程；
4）可统计设备运行及其他情况耗费的时间；
5）可登记事故发生的原因和改善措施；
6）可记录并跟踪事故改善的情况；
7）可灵活编制年、月、日等不同周期的点检计划；
8）可记录并跟踪点检的执行情况；
9）可灵活编制年、月、日等不同周期的保养计划；
10）可记录并跟踪保养的执行情况；
11）可灵活编制年、月、日等不同周期的润滑计划；
12）可记录并跟踪润滑的执行情况；
13）可根据需要提出设备请修；
14）可灵活编制年、月、日等不同周期的维修计划；
15）可记录并跟踪维修的执行情况；
16）可记录维修验收情况。

### 二、设备管理六大模块

**1. 设备台账管理**

设备台账包含两类信息，一类是设备自身所固有的信息，如：设备编号、

### 学习情景 1：设备信息管理

| 姓名 | 班级 | 日期 | 知识页-2 |

设备型号、设备名称、设备 E-BOM 等；另一类是随着设备运行而产生的数据，如：设备运行时间、设备维护时间、设备维修时间、设备点检记录等。能够根据设备唯一编码检索到该设备历史运行维护情况，支持设备电子文档的存储与调取（如：设备图纸、安装说明书、设备图片等），实现设备电子档案的建立，如图 6-1-15 所示。

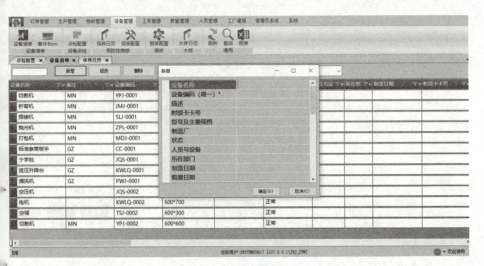

图 6-1-15　设备管理界面

2. 设备维护管理

设备维护包括三部分：第一部分是设备点检，通过系统维护设备点检计划，使用现场终端执行设备点检，点检数据实时回传至服务端进行存储、分析、报警，如图 6-1-16 所示；第二部分是预防性维护，通过系统设备维护计划/规则，使用现场终端执行设备维护，设备维护数据实时回传至服务端，进行进度跟踪；第三部分是预见性维护，与设备数据采集模块进行对接获取设备运行数据，及时监控设备运行状态，进行异常诊断。

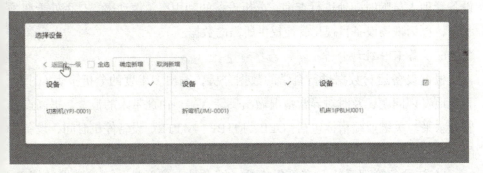

图 6-1-16　设备点检界面

学习情景1：设备信息管理

| 姓名 | 班级 | 日期 | 知识页-3 |

3. 设备维修管理

设备维修管理提供完整的设备维修业务流程，从设备现场保修开始至设备维修完毕结束，现场设置移动端进行设备保修，接到保修信息后，自动或手动建立维修工单并完成工单审核，维修人员使用现场终端进行维修记录，并将维修记录回传至服务端，进行设备维修记录，如图6-1-17所示。

图6-1-17 设备维修界面

4. 设备备件管理

设备备件管理主要是对备件进行计划、生产、订货、供应、储备的组织及管理，在MES设备管理系统中具有备件基本信息记录、信息管理、出入库管理、库存管理等功能，实现备件的科学化管控，合理利用库存空间。

5. 设备状态监控管理

设备状态监控管理主要包括设备数据采集、数据处理以及设备运行状态信息，对不同的停机时间进行归类，实时参数转换成数字数量传输到PC机上用于监控；可以将采集到的设备状态信息生成电子报表进行实时展现，方便相关设备管理人员随时随地进行查询，分析设备的利用率及稼动率，是否处于瓶颈状态，也为现场设备目视化管控提供所需的数据。

6. 设备KPI统计分析

根据设备运行数据进行科学的数据分析，输出多维度的分析报表/图表，直观地发现问题，及时对异常情况做出反馈，避免由此带来的浪费，提高设备管理水平。关键业绩指标包括：OEE、MTBF、MTTR、设备停机时间、设备故障TOP等。

MES设备管理系统具有可集成性、综合性、实时性、可追溯性的特点，把工厂的设备信息和生产信息及车间制造活动紧密集成在一块，通过数据的形

## 学习情景1：设备信息管理

姓名　　　　班级　　　　日期　　　　知识页-4

式进行实时展现，让管理者可以实时了解生产的各环节，及时分析及时调整，在保证生产周期的同时降低生产成本，提高企业的整体效益。

### 三、MES设备管理的四大作用

MES设备管理系统主要是关于生产制造型企业在生产中设备的状态信息、设备的使用能力、设备的维修状态、设备的维修保养计划、设备的报修流程等等，它可以和MES系统实现内部信息的共享，也可以和上层ERP做集成，实现信息实时性、快速性传输，让管理层能做出及时有效的决策。设备管理系统还主要为车间的各业务服务，和生产过程进行紧密集成，对生产的状态信息系统进行采集及处理，并用各种形式比如看板、PC端、移动端进行展现，强调设备的使用过程管理。

1. 设备状态实时监控

在传统的生产制造型车间，主要是生产班组长每天在厂内进行每时每刻的巡视，人工观察来了解记录生产情况，但是随着车间规模的不断扩大，生产设备的不断增加，管理人员根本没有办法了解到所有设备的情况。这时候就需要MES设备管理系统配合相关人员来进行解决，设备管理系统通过数据终端和各个生产设备进行相连，自动侦测设备的各类运行状态，比如停机、关机、开机、停工等，让管理者一目了然；点击具体的设备图标，还可以从中获取该设备的工作情况，比如加工的产品以及进度；在系统中还能对延后计划进行预警提示，并能在各个显示终端比如数据终端、PC端、App端、电子看板等显示各区域设备的运行状态。

2. 设备停机报告

在设备发生停机时，MES设备管理系统会在智能终端上提示报告代码，在系统一开始就会设置故障类别代码，比如故障就是01，缺料就是02，辅助操作就是03等，报告代码会通过现场数据传输传送到服务器中，而设备管理系统通过短信平台或者邮件等形式发送到当班责任人，相关责任人就能对事件进行及时的响应及处理，如果响应或处理时间超过系统中设定的时间，停机代码又会发送到高一级的管理人员中，责成相关责任人进行处理。当设备提示报告代码处于锁定状态，要求报告停机原因，只有把规定报告填写完成后才能让设备重新进入加工状态。通过在MES设备管理系统中设置这一套流程，可以有效地帮助工厂提高对设备停机事件响应程度，减少因不能及时发现、处理导致停工时间过长的现象，从而保障了生产计划及进度的完成，调高了设备的使用效率以及达成效率。

学习情景1：设备信息管理

| 姓名 | 班级 | 日期 | 知识页-5 |

3. 设备联网及程序共享

在传统的数控机床管理中，数控程序保存在本地的加工中心，当机床本身发生异常时会导致数据丢失，当有新版本需要更新时也会覆盖老版本，当有多台设备加工同一个产品时则需要人工通过U盘、数据线输入加工程序及参数，这样就会增加大量的人工成本，所以使用传统的程序管理方法就会存在信息不能共享的弊端，导致程序、数据丢失的风险。

MES设备管理系统通过对数控机床程序及参数的上传及下载，对权限进行识别就会帮助企业解决此类弊端。设备管理系统会把数控的程序、参数和产品的工艺进行绑定，当生产设备接到加工生产任务后，相应的NC加工程序、加工参数也会随着电子工单发放到设备中；当出现加工程序有修改，通过物联终端也会把修改后的加工程序上传到系统数据服务器中并创建新的版本，老版本也不会出现丢失；当生产任务完成后，系统会自动传回加工程序、参数进行保存。

4. 数据分析，降低损失

MES设备管理系统通过对数据的采集，就有了大量的数据支持，通过这些数据，我们可以对各时段的停机事件进行汇总，按产能损失大小情况进行分类排序，并进行直观地展现，这样相关人员就可以分清轻重缓急，合理科学地作出决策，将损失降到最少。

## 学习情景 2：设备维保管理

| 姓名 | 班级 | 日期 | 任务页-1 |
|---|---|---|---|

# 学习情景 2： 设备维保管理

### 学习任务描述

通过一个模拟汽车零部件制造企业生产车间，在 MES 系统设备维保管理模块中完成设备保养、设备维修、设备检修、设备监控、设备点检等标准化设备维保流程。在设备管理模块中监控整个车间设备运行状况。

### 学习目标

主要完成某汽车零件锻造车间设备的维保工作，通过本任务的学习，达到以下学习目标：

1. 了解企业车间设备维保所涵盖的内容，包括预防性维修、大修、维修、点检、润滑、保养、备件等概念；

2. 了解企业车间设备维保的标准流程，熟悉企业车间设备维保的基本工作，认知设备管理相关岗位工作内容，为学生以后的企业设备类工作打下基础；

3. 学习如何在 MES 系统中进行设备维保活动；

4. 通过小组合作的形式，在 MES 系统中完成设备维保工作，培养学生团队合作能力。

### 任务书

通过一个模拟汽车零部件制造企业生产车间，在 MES 系统中完成设备保养、设备维修、设备检修、设备监控、设备点检等日常设备维保工作。

### 任务分组

将班级学生分组，6 人或 7 人为一组。

1 名小组成员负责设备保养工作；

2 名小组成员负责设备维修工作；

1 名小组成员负责设备检修工作；

1 名小组成员负责设备监控工作；

学习情景2：设备维保管理

姓名　　　　　班级　　　　　日期　　　　　任务页-2

1名小组成员负责设备点检工作。

模拟数字工厂的设备维保人员，各组组员交替轮换角色，完成各项工作。注意培养学生的团队协作能力。学生任务分组表见表6-2-1。

表6-2-1　学生任务分组表

| 班级 | | 组号 | | 任务 | |
|---|---|---|---|---|---|
| 组长 | | 学号 | | 指导老师 | |
| 组员 | 学号 | 角色指派 | | 备注 | |
| | | | | | |
| | | | | | |
| | | | | | |
| | | | | | |
| | | | | | |
| | | | | | |
| | | | | | |

## 学习情景 2：设备维保管理

姓名　　　　班级　　　　日期　　　　信息页-1

　学习笔记

### 获取信息

❓ 引导问题 1：自主学习设备维保相关知识。

❓ 引导问题 2：你知道设备的维保由工厂的哪个部门负责吗？维保人员日常都怎样分工？

❓ 引导问题 3：企业的设备维修都有几种类型？这几种类型的区别是什么？

❓ 引导问题 4：企业设备维修有计划吗？怎样执行计划？

❓ 引导问题 5：车间的设备坏了，车间谁来报修，谁来维修，谁来安排，谁来统计维修人员的工作量？

❓ 引导问题 6：企业的设备都需要保养吗？保养设备都需要做哪些工作？

❓ 引导问题 7：什么是点检？点检都需要检查哪些内容？

❓ 引导问题 8：思考，在 MES 系统的设备管理模块中，怎样执行设备的维保工作？

## 学习情景2：设备维保管理

| 姓名 | 班级 | 日期 | 计划页-1 |

按照任务书要求和获取的信息，根据每个人员的分工不同，将整理得到的信息填写至表6-2-2。

表6-2-2 角色扮演表

| 步骤 | 工作内容 | 角色 | 负责人 |
| --- | --- | --- | --- |
| 1 | 报修 | 车间操作工 | |
| 2 | | 设备管理人员 | |
| 3 | | 设备维修人员 | |
| 4 | | 设备点检人员 | |
| 5 | | 设备监控人员 | |
| 6 | | 设备保养人员 | |
| | | | |
| | | | |

学习情景 2：设备维保管理

| 姓名 | 班级 | 日期 | 实施页–1 |

## 一、设备保养

设备保养是对设备的日常维护进行管理，在这个功能下配置日常保养的项目和周期，还可以查看保养日历。

按照图 6-2-1 顺序操作，设置"维修周期"和"维修内容"，并设置相关条目。

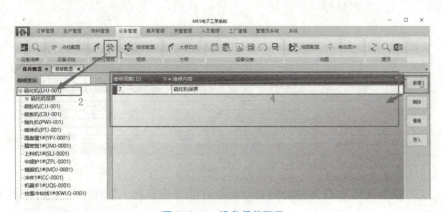

图 6-2-1 设备保养配置

如图 6-2-2 所示，条目中的主要配置项为"附加属性名称""属性值类型""是否必填"，其中对于属性值类型，系统支持多种样式：

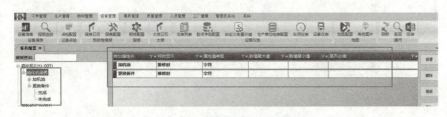

图 6-2-2 设备预防性维修内容

[字符]：在表单的填写框内输入字符，还可以设置下拉框选择内容。

[数值]：在表单的填写框内输入数值。

[图片]：在表单的填写框内插入图片。

[文件]：在表单的填写框内上传文件。

[布尔]：显示"是"或"否"，从中选择。

[长文本]：在表单的填写框内输入长文本。

[多级菜单]：在表单中可以设置多级下拉框选择内容，点击进入后可以继续添加多级下拉选择项，如图 6-2-3 所示。

学习情景 2：设备维保管理

| 姓名 | 班级 | 日期 | 实施页-2 |

图 6-2-3　多级菜单

设置好配置之后需要执行管理员系统中的定时任务，新增 AutoCreateQuest 任务，如果列表中有则选中该任务，点击"执行"，如图 6-2-4 所示。

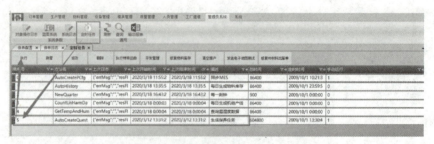

图 6-2-4　定时任务

这时就能在保养日历中看到自动安排好的维修日程，如图 6-2-5 所示：

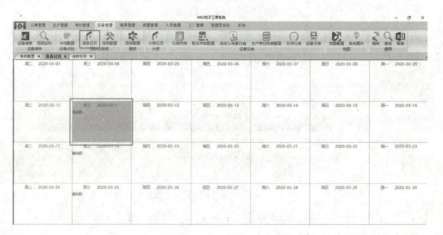

图 6-2-5　保养日历

同时，网页端界面中会有近期的维修任务，可进行相关报工保养操作，如图 6-2-6 所示。

图 6-2-6　保养操作

学习情景 2：设备维保管理

## 二、设备维修

当设备出现故障时，在系统中进行报修，报修信息会推送给维修人员，维修信息将自动保存汇总进维修知识库中。当维修知识库中积累一定量的数据后，基于故障大数据分析生成预防性维修计划（未完成），形成维修任务的业务闭环。

在前面的介绍中，已经将相应的设备绑定到相应的机组中，我们需要对设备报修进行配置，如图 6-2-7 所示。

图 6-2-7　报修配置

配置方法与保养相似，配置好之后即可在工人操作台进行设备报修，如图 6-2-8 所示。

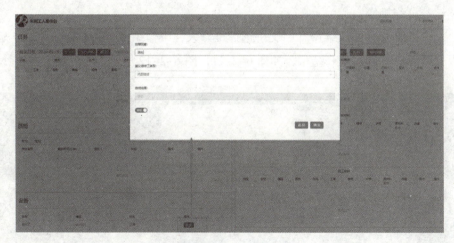

图 6-2-8　设备报修

填写相关内容之后，会触发相应的设备安灯信息，在 WEB 主页的设备维修可进行维修。

1. 设备报修

设备报修页面支持新增设备报修。支持选择需报修设备，支持输入故障现象、故障描述，如图 6-2-9，图 6-2-10 所示。

学习情景 2：设备维保管理

| 姓名 | 班级 | 日期 | 实施页-4 |

图 6-2-9　设备维修

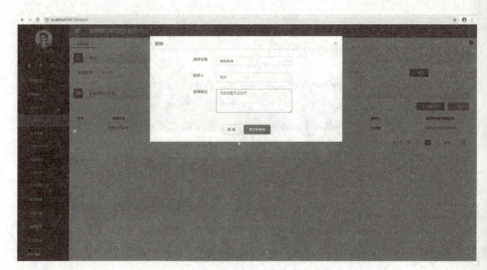

图 6-2-10　设备报修

2. 设备维修

设备维修界面。维修开始支持选择维修人，维修结束支持核对维修人、输入故障现象、输入维修结果，如图 6-2-11，图 6-2-12 所示。

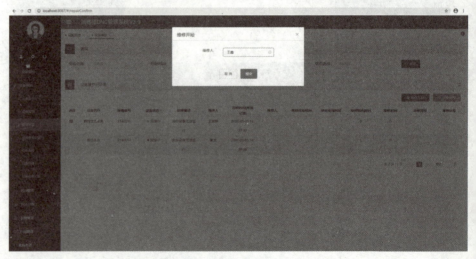

图 6-2-11　维修开始

## 学习情景2：设备维保管理

| 姓名 | 班级 | 日期 | 实施页-5 |

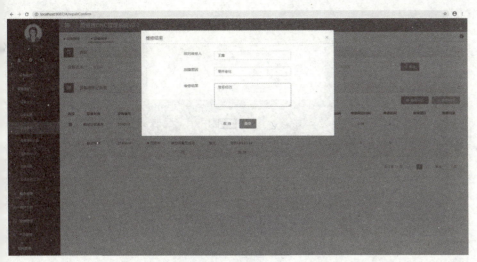

图 6-2-12　维修结束

3. 设备维修记录

维修记录页面支持查询故障现象、故障描述、当前状态、维修人、维修完成时间、维修时长、故障原因，如图 6-2-13 所示。

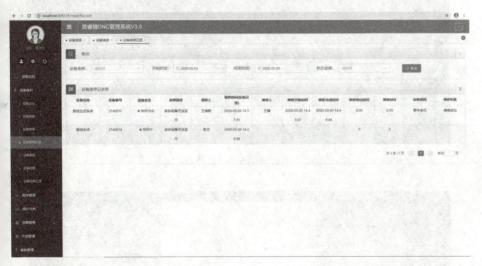

图 6-2-13　设备维修记录

4. 设备报检

设备报检页面支持新增设备报检。支持选择设备；支持填写计划检修时间，如图 6-2-14 所示。

5. 设备检修

设备检修页面支持新增设备报修；支持选择需检修设备；支持查询维修完成时间、维修时长、故障原因，如图 6-2-15，图 6-2-16 所示。

学习情景 2：设备维保管理

| 姓名 | 班级 | 日期 | 实施页-6 |

图 6-2-14　设备报检

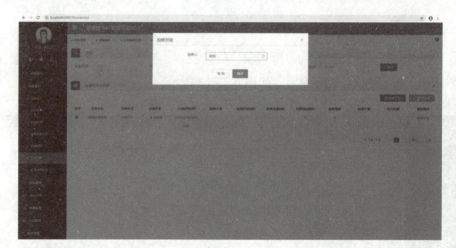

图 6-2-15　检修开始

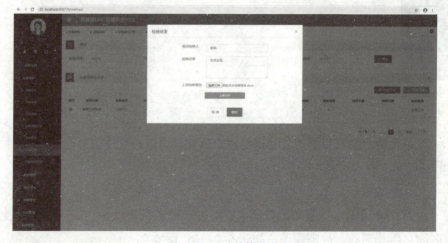

图 6-2-16　检修结束

## 6. 设备检修记录

检修记录页面支持查询计划检修时间、检修人员、检修开始与完成时间、检修用时、检修结果，如图 6-2-17 所示。

图 6-2-17　设备检修记录

## 三、设备监控

结合简睿捷智能制造数据采集系统软件（MDC）对设备运行数据进行监控，具体包含制程工艺参数、水电气能耗数据、温湿度数据、摄像头监控，根据采集的数据生成运行图表，展示至大屏。对设备运行情况进行实时监控，并配置报警信息，出现异常时及时报警。

设备监控模块新增 PLC、电表、气表、水表等，可将简睿捷 MDC 或其他集成的数据采集系统的数据源添加进 MES 系统。用于设备数据的管理，以实现设备统计，车间能耗统计等功能，如图 6-2-18 所示。

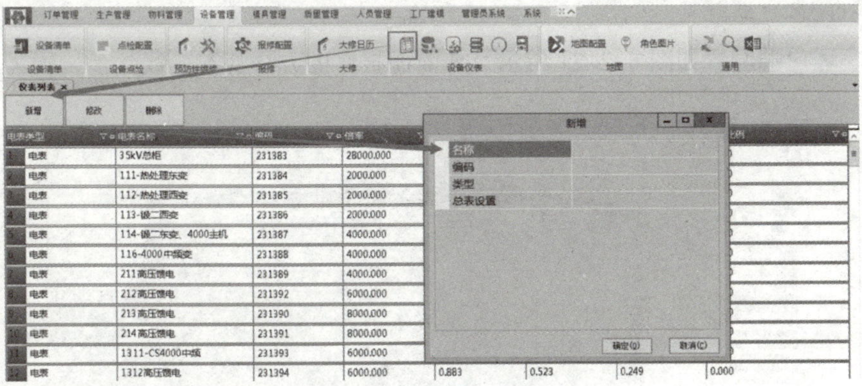

图 6-2-18　新增监控仪表

## 学习情景 2：设备维保管理

| 姓名 | 班级 | 日期 | 实施页-8 |

第二个功能是数采字段配置，左侧为 PLC 列表，右侧为各类数据采集字段，主要配置项：设备安灯"自动报警"、展示方式，其他的也可做一些相应的定制，如图 6-2-19 所示。

图 6-2-19　数采字段配置

此按钮为设备仪表，实现设备和仪表的绑定管理（一个设备绑定几个 PLC 等），实现其他统计，如图 6-2-20 所示。

图 6-2-20　设备仪表绑定

### 四、设备点检

点检主要在每天（每班）开工前进行，目的是为了提高、维持生产设备的原有性能，通过人的五感（视、听、嗅、味、触）或者借助工具、仪器，按照在系统中预先设定的周期和方法，对设备上的规定部位（点）进行有无异常的检查，使设备的隐患和缺陷能够得到早期发现、早期预防、早期处理。

1. 客户端配置

客户端配置如图 6-2-21 所示，与前面报修的方法基本一致。

图 6-2-21　点检配置

## 2. WEB 端操作

登录网页端，然后选择"设备点检"按钮，如图 6-2-22 所示。

图 6-2-22　点检入口

进入界面之后，选择新增，依次：选择机组—勾选设备—确定新增，就能看到点检条目，如图 6-2-23 所示。

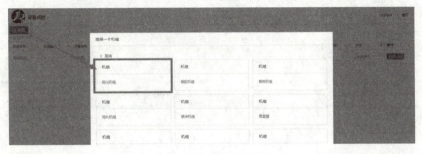

图 6-2-23　新增点检机组

点击"开始点检"，弹出点检操作对话框，选择"是否正常""电源正常"选项，点击"确定"，完成点检任务，如图 6-2-24 所示。

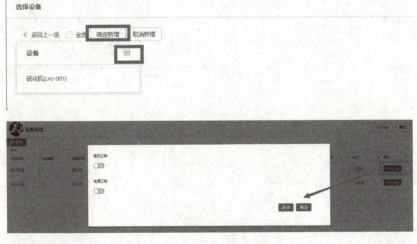

图 6-2-24　点检记录

## 学习情景2：设备维保管理

| 姓名 | 班级 | 日期 | 检查页-1 |

### 检查验收

根据各小组在MES中设备维保任务完成情况，按照验收标准进行检查验收和评价，包括设备保养、设备维修、设备检修、设备监控、设备点检等工作任务。并将验收问题、整改措施及完成时间进行记录。验收标准及评分表见表6-2-3，验收过程问题记录表见表6-2-4。

表6-2-3 验收标准及评分表

| 序号 | 验收项目 | 验收标准 | 分值 | 教师评分 | 备注 |
|---|---|---|---|---|---|
| 1 | 设备保养 | 正在系统中完成操作 | | | |
| 2 | 设备维修 | 正在系统中完成操作 | | | |
| 3 | 设备检修 | 正在系统中完成操作 | | | |
| 4 | 设备监控 | 正在系统中完成操作 | | | |
| 5 | 设备点检 | 正在系统中完成操作 | | | |
| | | | | | |
| | 合计 | | 100 | | |

表6-2-4 验收过程问题记录表

| 序号 | 验收问题记录 | 整改措施 | 完成时间 | 备注 |
|---|---|---|---|---|
| | | | | |
| | | | | |
| | | | | |
| | | | | |

## 学习情景 2：设备维保管理

| 姓名 | 班级 | 日期 | 评价页-1 |

**评价反馈**

各组展示设备维保工作实施结果，介绍任务的完成过程并提交阐述材料，进行学生自评、学生组内互评、教师评价，完成考核评价表。考核评价表见表 6-2-5。

❓ **引导问题 9**：在本次完成任务的过程中，给你印象最深的是哪件事？自己的职业能力有哪些明显提高？

_____

_____

❓ **引导问题 10**：你对企业设备维保知识了解了多少？还想继续学习关于企业设备管理方面的哪些内容？

_____

_____

❓ **引导问题 11**：你对 MES 设备维保流程了解了多少？还想继续学习关于 MES 的哪些内容？

_____

_____

表 6-2-5　考核评价表

| 评价项目 | 评价内容 | 分值 | 自评 20% | 互评 20% | 师评 60% | 合计 |
|---|---|---|---|---|---|---|
| 职业素养 40 分 | 爱岗敬业、安全意识、责任意识、服从意识 | 10 | | | | |
| | 积极参加任务活动，按时完成工作页 | 10 | | | | |
| | 团队合作、交流沟通能力、集体主义精神 | 10 | | | | |
| | 劳动纪律、职业道德 | 5 | | | | |
| | 现场 6s 标准、行为规范 | 5 | | | | |
| 专业能力 60 分 | 专业资料检索能力、中外品牌分析能力 | 10 | | | | |
| | 制订计划能力、严谨认真 | 10 | | | | |
| | 操作符合规范、精益求精 | 15 | | | | |
| | 工作效率、分工协作 | 10 | | | | |
| | 任务验收质量、质量意识 | 15 | | | | |

学习情景 2：设备维保管理

| 姓名 | | 班级 | | 日期 | | 评价页-2 |

续表

| 评价项目 | 评价内容 | 分值 | 自评 20% | 互评 20% | 师评 60% | 合计 |
|---|---|---|---|---|---|---|
| | 合计 | 100 | | | | |
| 创新能力加分 20 | 创新性思维和行动 | 20 | | | | |
| | | | | | | |
| | 总计 | 120 | | | | |
| | 教师签名： | | | 学生签名： | | |

## 学习情景2：设备维保管理

姓名　　　班级　　　日期　　　知识页-1

学习笔记

**拓展知识**

### 一、设备保养

设备保养是对设备做日常检查的工作，是一个需要持续的工作，对设备制订年度、月度、周度等不同周期的保养计划，根据不同的设备、不同的时间段，制订不同的保养内容，同时记录保养的实际情况。也可以制订一保、二保、三保的保养计划。对设备进行的保养需要记录保养时间、保养人、保养内容等，通过保养记录可以反映设备保养计划的执行情况。

### 二、设备润滑

设备润滑是设备的一项保护措施，减少设备产生的摩擦，是一个需要持续的工作，对设备制订年度、月度、周度的润滑计划，不同的设备、不同的时间段，润滑的内容是不同的。同时对设备进行的润滑需要记录润滑部位、润滑时间、润滑人、耗用的润滑油等，通过润滑记录可以反映设备润滑计划的执行情况。

### 三、设备点检

为了提高、维持生产设备的原有性能，通过人的五感（视、听、嗅、味、触）或者借助工具、仪器，按照在系统中预先设定的周期和方法，对设备上的规定部位（点）进行有无异常的预防性周密检查，使设备的隐患和缺陷能够得到早期发现、早期预防、早期处理。设备点检是对设备做日常检查工作，是一个需要持续的工作，对设备制订年度、月度、周度的点检计划，不同的设备、不同的时间段，点检的内容是不同的。也可以直接记录设备点检的情况。

### 四、设备维修

设备维修分为报修和预防性维修。当设备出现故障时，在系统中进行报修，报修信息会推送给维修人员，维修信息将自动保存汇总进维修知识库中。当维修知识库中积累一定量的数据后，基于故障大数据分析生成预防性维修计划，形成维修任务的业务闭环。设备发生事故和故障或预计发生故障需要维修时，可向维修部门提出设备请修。对于设备的大修、项修、小修、定检及其他维修，编制维修计划，便于设备维修的管理。安排设备维修计划时，可以由系统自动减少设备的可用能力。设备维修工单是对维修人员下达的维修任务，其

学习情景 2：设备维保管理

| 姓名 | 班级 | 日期 | 知识页-2 |

来源可以为设备请修单，可以为设备维修计划，也可以为手工建立独立的设备维修工单。设备进行维修时，需要记录维修的时间、维修耗用的备件、维修的工时、维修的项目等内容，通过设备维修记录单进行记录。设备维修后，需要验收是否能正常运行，是否影响生产，通过设备维修验收，记录其维修的质量情况。

设备发生故障或预计发生故障需要维修时，向维修部门提出的维修申请，即为请修单，主要包括：申请部门、申请理由、申请维修时间、申请更换备件、申请维修的项目等内容。

对于设备的预防性维修及其他维修，编制维修计划，确定维修时间、维修的备件、维修项目等，便于设备维修的管理。

### 五、设备监控

对设备运行数据进行监控，具体包含制程工艺参数、水电气能耗数据、温湿度数据、摄像头监控，根据采集的数据生成运行图表，展示至大屏。对设备运行情况进行实时监控，并配置报警信息，出现异常时及时报警。

# 项目 7　报表管理

## 项目导读

### 知识目标
1. 了解 MES 系统的报表数据来源；
2. 了解报表的类型及原理；
3. 掌握报表背后的意义。

### 技能目标
能够根据 MES 中的各类报表，分析出报表背后的数据意义。

### 项目背景
生产制造型企业在生产过程中会产生大量数据，而且大多数企业会选择周而复始地记录这些数据，因为企业领导想了解生产过程中的具体内容，但是，这些数据的不断记录会造成信息查找异常困难，不能对数据进行有效的利用。MES 生产管理系统具有非常全面的报表管理功能，具有简单、高效、智能的特点，会把生产过程中的一切信息通过报表的形式展现出来，从而达到生产过程的透明化，让企业管理层人员对生产状况了如指掌。

### 项目描述
由于在 MES 系统中，报表为系统通过搜集各类订单、设备、人员、物料等信息自动生成，无须人员操作，因此，能够自行根据相关信息制订报表，并分析其潜在的价值是非常重要的技能，主要需要掌握如下几类报表：

1. 订单统计报表

根据订单信息，手动制作订单统计报表，分析订单的数量、时间、客户、产品、价格等关键数据。

2. 物料统计报表

能够根据原料出入库、成品出入库信息，对物料信息进行统计分析，并制订物料统计报表。

3. 设备运行统计报表

根据订单生产情况及设备的运行效率，分析产线运转效率，并通过效率提

升,提高生产量,能够分析出产量和效率之间的关系。

4. 质量分析报表

了解常见的质量检验方式,了解质量报表对企业的价值。

5. 成本统计报表

能够根据原料、外购费、成品价格等信息,统计分析产品毛利润及毛利率。

| 姓名 | 班级 | 日期 | 任务页-1 |

## 学习情景：报表管理

### 学习任务描述

了解 MES 系统的数据来源及报表类型；
了解 MES 报表的原理及意义；
了解简睿捷 MES 报表平台。

### 学习目标

1. 了解 MES 报表系统的数据来源及报表意义；
2. 能够根据订单报表，分析订单计划的合理性；
3. 能够根据物料统计报表，分析物料的消耗情况；
4. 能够掌握设备效率分析报表的数据意义及效率提升方法。

### 任务书

某企业在 2020 年 5 月和 6 月收到了如下的订单需求，请根据下方的订单记录，将订单数据填写到订单报表 7-1 中，并和同学讨论，你从这份报表中能得出哪些结论？

1. 2020 年 6 月 12 日，收到客户 A 的一份订单，要求生产曲轴一批，数量 80 个，单价 120 元/个。

2. 2020 年 5 月 18 日，收到客户 B 的一份订单，要求生产连接轴一批，数量 100 个，单价 50 元/个。

3. 2020 年 5 月 22 日，收到客户 C 的一份订单，要求生产印章一批，数量 100 个，单价 20 元/个。

4. 2020 年 6 月 5 日，收到客户 E 的一份订单，要求生产减速器一批，数量 50 个，单价 100 元/个。

5. 2020 年 6 月 10 日，收到客户 C 的一份订单，要求生产踏板一批，数量 200 个，单价 20 元/个。

6. 2020 年 5 月 9 日，收到客户 B 的一份订单，要求生产电机外壳一批，数量 20 个，单价 40 元/个。

学习情景：报表管理

| 姓名 | | 班级 | | 日期 | | 任务页-2 | |

表 7-1 订单数据汇总

| 序号 | 订单时间 | 客户 | 产品 | 数量 | 单价 | 总价 |
|---|---|---|---|---|---|---|
| 1 | | | | | | |
| 2 | | | | | | |
| 3 | | | | | | |
| 4 | | | | | | |
| 5 | | | | | | |
| 6 | | | | | | |

根据上面的数据，将订单统计结果填至表 7-2。

表 7-2 订单结果统计

| 序号 | 统计数据描述 | 结果数据 |
|---|---|---|
| 1 | 2020 年 5 月订单产品数统计 | |
| 2 | 2020 年 6 月订单产品数统计 | |
| 3 | 2020 年 5 月销售额 | |
| 4 | 2020 年 6 月销售额 | |
| 5 | 2020 年 5、6 月总体销售额 | |

将班级学生分组，5~6 人为一组，讨论下面话题：

从订单统计报表中，你可以得出关于企业运营的哪些数据？从这些数据中你能得出哪些结论？把你们的结论记下来填写至表 7-3 中，并和其他组的同学进行讨论。

表 7-3 小组讨论表

| 班级 | | 组号 | | 任务 | |
|---|---|---|---|---|---|
| 组长 | | 学号 | | 指导老师 | |
| 数据内容 | | | | 可以得出的结论 | |
| | | | | | |
| | | | | | |
| | | | | | |
| | | | | | |

学习情景：报表管理

姓名　　　　班级　　　　日期　　　　信息页-1

获取信息

? 引导问题1：从订单数据报表中是否能正确反映出企业每月的营业收入？如果不能的话原因是什么？还需要知道哪些数据？

_____

_____

? 引导问题2：从上面的原料和成品出入库记录中，你能发现什么问题？分析一下出现该问题的可能原因是什么？

_____

_____

? 引导问题3：如果每根圆钢材价格为30元，每块钛价格为20元，不考虑人员工资、设备购置、能源损耗、物流费用等其他间接成本，这一单生意，该公司可获取多少利润？请说出你的理由。

_____

_____

## 学习情景：报表管理

| 姓名 | 班级 | 日期 | 任务页-1 |

### 任务书

该企业根据上述 A 公司的订单需求，分别采购了一些原料，并在产品生产结束后将产品发给客户，得到如下的库房出入库记录。已知每个曲轴需要 1 根圆钢材及 2 块钛作为原料。

请根据下方的物料出入库记录，将原料库的物料出入库记录和成品库的成品出入库记录分别填到下方对应的表 7-4、表 7-5 中，并和同学讨论，你从这份报表中能得出哪些结论？

1. 2020 年 6 月 14 日，原料库收到圆钢材 100 根，钛 150 块。

2. 2020 年 6 月 15 日，原料库出库圆钢材 40 根，钛 80 块；成品库入库曲轴 39 个。

3. 2020 年 6 月 16 日，原料库出库圆钢材 41 根，钛 82 块；成品库入库曲轴 41 个。

4. 2020 年 6 月 17 日，原料库出库曲轴 80 个。

5. 2020 年 6 月 18 日，库房管理员盘点库存，发现库房剩余圆钢材 19 根，钛 10 块，曲轴 0 个。

表 7-4　原料库出入库记录

| 原料库出入库记录 | | | | | |
| --- | --- | --- | --- | --- | --- |
| 序号 | 材料 | 出入库时间 | 出入库类型 | 数量 | 现有库存量 |
| 1 | | | | | |
| 2 | | | | | |
| 3 | | | | | |
| 4 | | | | | |
| 5 | | | | | |
| 6 | | | | | |

表 7-5　成品库出入库记录

| 成品库出入库记录 | | | | | |
| --- | --- | --- | --- | --- | --- |
| 序号 | 材料 | 出入库时间 | 出入库类型 | 数量 | 现有库存量 |
| 1 | | | | | |
| 2 | | | | | |
| 3 | | | | | |
| 4 | | | | | |
| 5 | | | | | |
| 6 | | | | | |

学习情景：报表管理

姓名　　　　班级　　　　日期　　　　任务页–2

在 2020 年 7 月 20 日，该公司又接到了 A 公司要求生产 300 个曲轴的订单。由于这批订单是加急订单，A 公司要求该公司必须在 6 天内全部生产完成。

该公司领导为满足 A 公司的需求，经过对上次订单生产过程的分析，发现该公司在日常生产中，设备每天开机 12 小时，但是只运行 8 小时，设备运行效率只有 66.67%。该公司领导决定在每天开机时间不变的情况下，通过提高设备的运行效率提高单日产量。这样，就可以满足 A 公司的生产需求，及时供货。

❓ 引导问题 4：请根据该公司领导的要求，求出设备每天需要运行多长时间才能保证对 A 公司及时供货？此时设备的运行效率是多少？

_____

_____

❓ 引导问题 5：和其他同学讨论一下，为什么该公司的领导不是采用让大家加班的方法，而是采用提高设备运行效率的方法来完成订单，这样的方法有哪些好处？

_____

_____

❓ 引导问题 6：除了提高设备运行效率的方法，你还能想到哪些方法可以保证按 A 公司要求的时间交货？

_____

_____

学习情景：报表管理

姓名　　　　班级　　　　日期　　　　知识页–1

 拓展知识

一、设备运行效率统计报表

设备运行效率统计报表是以年、月、周、日等时间为单位，对车间整体或单独设备的运行效率以及故障时间进行统计分析，并以报表的形式进行综合展示。

设备运行效率分析以单台设备为单位，统计每一台设备的开机率（开机时间/总时间）、运行效率（运行时间/开机时间）、故障率（故障时间/总时间）等数据，如图7-1所示。企业领导可以根据每一台设备的统计报表，分析不同品牌、型号或年限的设备运行效率、故障率等数据，合理分配生产任务，降低能耗，提高生产率。

二、订单统计报表

订单统计报表是对制造车间的订单计划、实时订单进度、订单生产结果等进行统计分析。可以年、月、周、日等为单位，通过报表的形式，将订单数据、订单完成率等数据进行可视化展示，使管理人员对订单执行情况一目了然。

一般订单统计报表会以扇形图、折线图、柱状图等方式进行数据展示，如图7-2所示。

图中左上区域以扇形图的方式，统计了该车间某一月份已完成订单的总数量、正在生产订单数量以及未生产订单数量。通过该图表，可清晰的查看该月的订单完成率及生产进度。

图中右上区域扇形图为不良品统计分析，统计每种产品订单内产生的不合格品数量。

图中左中区域为该制造车间每种产品该月内每周的已完成产量统计以及未完成产量统计。

图中左下区域为单日内每种产品各时间段的完成数量统计及该计划时间段未完成产品数量统计。

图中右中区域为产品每周的直通率汇总，通过该图表，可查看每周产品的合格率数据。

学习情景：报表管理

| 姓名 | 班级 | 日期 | 知识页-2 |  学习笔记 |

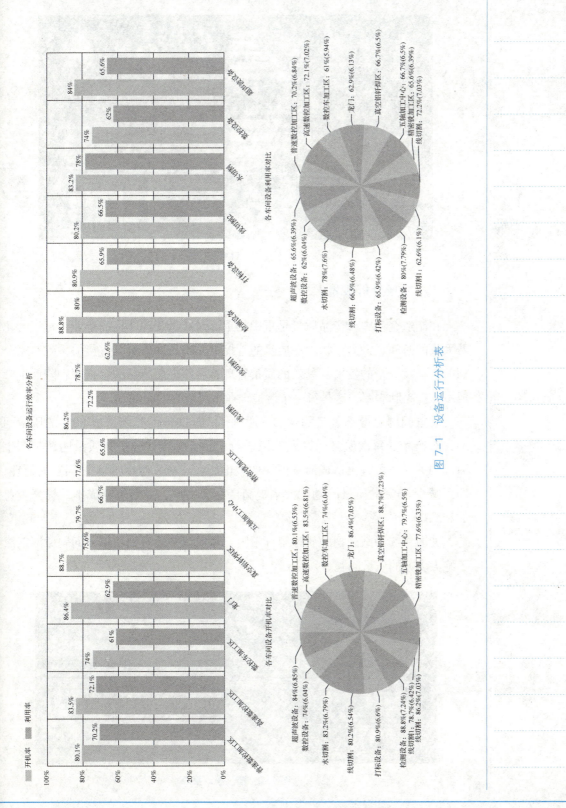

图 7-1 设备运行分析表

## 学习情景：报表管理

| 姓名 | 班级 | 日期 | 知识页-3 |

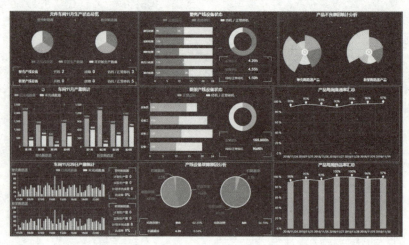

图 7-2 订单统计表

### 三、质量分析报表

在制造企业中，产品质量是重中之重，对质量管理严格的企业，每年会花费大量的时间、人力、物力在质量的管控上。产品的质量，直接关系到这家公司的市场及未来的发展，高效的质量管理，可以提高产品的合格率，降低生产成本，提高利润率，这是每一个制造企业不可忽视的问题。

质量问题也遵循著名的"二八原则"，即 20% 的原因造成 80% 的质量问题，对产品的每次质量问题及原因进行记录，并统计分析其质量问题与产生原因的关系，可找出造成质量问题的关键所在。通过对 20% 关键问题的处理，即可减少 80% 的质量问题，大幅提高产品合格率，降低生产成本，提高企业的利润率。

如图 7-3 为某公司的质量统计报表，可以清楚地看到，单一问题原因造成了绝大多数的质量问题。

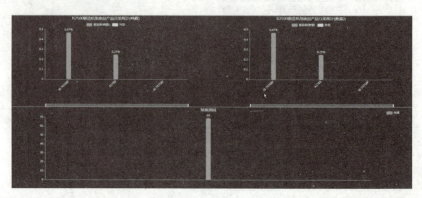

图 7-3 质量统计报表

## 四、简睿捷报表平台

简睿捷报表平台可以输出各类生产数据报表,如生产进度表、车间负荷表、报工表、派工表、生产及时率报表、成本报表、工资报表等,结合报表定义工具,报表输出格式灵活可配,图形化报表直观易用。系统使用 React/Dva/Antd 等前沿技术开发,大大增加了报表的可视化效果,让数据栩栩如生。此外,系统提供大屏展示的定义工具,可以配合车间硬件(拼接大屏、电脑、电视、平板、手机等)进行页面的设计展示,实时动态地展示生产数据,如图7-4 所示。

### 1. 标准报表

标准报表,包括综合分析、订单统计、排产数据展示、生产进度展示、物料数据展示、设备运行状况展示、质检信息汇总、模具使用情况展示、安灯展示、巡检情况展示、成本计算、人员轨迹及安全数据展示等方面,并支持根据需要开启或关闭报表。

### 2. 自定义报表

可以自定义报表内容,例如自定义在制品生产报表的展示信息、自定义报表的横纵坐标、自定义报表的报表形态等,支持多种数据与内容形态的自定义。

### 3. 大屏自定义

可以自定义报表的组合形式,通过拖拽、添加的方式,定义每块大屏的展示内容以及展示位置,令展示形式更加多样化、个性化。

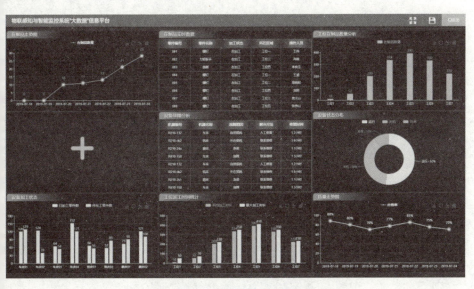

图 7-4  简睿捷报表界面

# 项目 8　数据采集管理

## 项目导读

### 知识目标

1. 了解 MES 系统数据采集概念；
2. 了解生产制造车间数据采集的各种方式；
3. 理解数据采集在 MES 系统中的作用。

### 技能目标

1. 掌握几种常见的数据采集方法，如现场仪表采集、PLC 采集、数控机床采集等；
2. 学会如何在 MES 系统中使用采集到的数据。

### 项目背景

数据采集是 MES 系统业务进行的根本，也是 MES 系统进行统计分析的基础。MES 系统的最大特点，就是能实时收集生产过程中的各类信息、数据，然后汇集到数据库中，做数据分析及供管理层查询。如何高效地采集车间的各类数据，是决定一个 MES 项目实施成败的关键环节。MES 系统软件应用中根据不同的数据、应用场景、人员能力、设备投入等方面的因素需要采用不同的数据收集方式，选择不同的数据收集设备。

### 项目描述

一个生产制造型企业常见的车间数据采集有以下几种方式：

1. 必须录入的数据

必须录入的数据指系统必须直接从外部获得的数据。系统可以通过规格基础定义功能以及过程数据基础定义功能完全地自行建立属于企业自己的数据收集项目库。例如产品编码、产品流程、工序名称、工艺条件目标等。

2. 系统自动生成的数据

生产过程中的部分由事件触发的数据可以由系统在生产过程中自动收集，主要包括：工序开始操作的时间、结束的时间、设备的状态等。这一类的数据，可由时间触发之后，根据原本设定的基础数据，由系统自动收集。

### 3. 通过条码采集的数据

通过条码收集制造数据的方式是最为普遍的方式之一。条码收集数据的前提是信息可以以编码的方式表达或与预设的数据通过编码建立对应关系。条码方式可收集的数据主要包括：产品批号、物料批号、加工资源编号、运输资源编号、人员编号、异常类别、异常现象、设备状态（维修、保养、故障停机等）、作业开始、作业结束等。条码可以提高数据录入的准确性，提高录入速度，且成本较低。因此，尽可能将数据进行分类然后编码处理，转化成条码的方式表达，以便于现场的数据采集。

### 4. 通过 RFID 采集的数据

随着 RFID 技术的成熟，此技术已广泛应用于 MES 系统中，替代条码完成对制造车间生产过程信息的各种采集。制造车间生产过程中的数据包括车间人员、物料、加工设备、工单、工装、加工过程等，涉及车间各个部分。生产现场的数据包括工人、物料、设备、工单、车间加工过程等。而 RFID 技术能准确、快速、可靠地提供实时数据，使用数据采集器现场采集生产过程中的生产信息比在生产线上放几台电脑手工录入更为方便、简捷、迅速。

通过采用 RFID 技术，系统能够自动采集生产数据和设备状态数据，为生产管理者提供企业业务流程所有环节的实时数据，允许结合各工序设备的工艺特点和相关的工艺、质量指标参数，进行各生产重要环节的工艺参数和设备运行参数等生产信息的在线监测和分析，帮助企业实现生产过程中半成品工序、成品工序的计量，仓储的出入库管理自动化和信息化集成，供应链的自动实时跟踪，销售及售后服务反馈，让企业领导可实时掌握流程信息，并对企业业务进行监督管理。

### 5. 采集传感器及计量仪表的数据

工业现场存在许多种不同类型的传感器及计量仪表。MES 系统的数据采集可以从现场的传感器及计量仪表中获取。采集内容主要为温度传感器、压力传感器、流量传感器、速度传感器、无线数据采集卡和工控机系统等。MES 系统可以通过直接采集传感器数据的方式，或者采集生产现场计量仪表的方式，实时地获取车间现场的数据，存储到数据库中，为 MES 系统提供基础数据支撑。

### 6. 采集车间设备的数据

生产制造类车间的生产线有各种各样的形式，设备控制系统也都各不相同，例如有 DCS 系统，PLC 控制系统，数控系统，工业机器人控制系统等等。如果企业需要管控到这些不同的设备，监控设备的运行状态和设施，就要根据

不同的自动化系统,来采取差异化的数据采集方案,例如:DNC 网卡方式、宏指令方式、PLC 采集方式、DCS 采集方式等。

实时、准确的生产数据采集是 MES 得以成功的重要基础,企业 MES 建设中应该充分考虑其数据采集的特点,在采集过程中,根据完整性、实时性、多种采集技术综合应用、人机结合、易于集成应用等原则,运用多种数据采集方式,并利用计算机、数据网络通信设备、各种技术标准和实时历史数据库软件的有机组合来实现生产数据的集成应用。

总之,MES 制造执行系统的特点即是能实时收集生产过程中的各类信息、数据,然后汇集到数据库中,做数据分析及供管理层查询。如何高效地采集车间的各类数据,是决定一个 MES 制造执行系统软件项目实施成败的关键环节。

本项目通过两个任务完成模拟车间的 MES 系统需要的相关数据采集工作。

## 学习情景1：数据采集方式

## 学习情景1：数据采集方式

### 学习任务描述

通过分析PLC采集、数控机床采集、传感器采集、现场仪表采集四个部分，学习生产制造型企业车间经常遇到的现场生产数据采集方案。

### 学习目标

通过学习，希望使学生能够达到以下几点知识、技能与素质目标：

1. 了解生产制造车间数据采集的几种常见方式及其数据采集原理；
2. 理解采集到的数据在MES系统中的用途；
3. 通过小组合作，能够通过实训平台完成几种常见的数据采集任务，包括PLC、数控系统、现场仪表、传感器的数据采集工作，同时培养学生的工程实践能力、团队协作能力。

### 任务书

本任务需要采集某汽车锻造公司的生产车间现场数据。主要包括以下几个方面：

1. 车间数控设备的数控系统中的一些关键数据，例如机床状态（运行、空闲、关机、报警等）、主轴负载、当前程序、当前加工零件、进给速度、主轴倍率等相关数据；
2. PLC控制系统的关键数据，例如温度、压力、流量、液位等相关数据；
3. 车间仪表数据，例如电量、用水量、煤气量、氧气量等仪表数据；
4. 车间底层传感器数据，例如温度、压力等现场数据。

通过实训平台，使用数据采集网关等采集设备，通过不同的技术手段将现场的数据采集到相关的数据库中，同时可以通过相关的客户端软件对数据进行展示与分析。

### 任务分组

将班级学生分组，6人或7人为一组。

## 学习情景 1：数据采集方式

| 姓名 | | 班级 | | 日期 | | 任务页-2 | |

设置 2 名数据采集整理人员，负责车间所有数据的整理工作，两名成员保证将用户需求的采集数据以列表的形式整理成文档，以供整个小组进行数据采集技术分析工作；

设置 1 名数控系统数据采集人员，负责整理数控系统采集工作；

设置 1 名 PLC 数据采集人员，负责整理 PLC 相关数据采集工作；

设置 1 名仪器仪表数据采集人员，负责整理仪表相关数据采集工作；

设置 1 名传感器数据采集人员，负责整理传感器采集工作。

由于整个数据采集系统涉及车间级的各个底层控制系统与传感器，需要各组成员发挥每个人的技术特长，群策群力，完成整个实训任务，培养学生的团队协作能力。学生任务分组表见表 8-1-1。

表 8-1-1 学生任务分组表

| 班级 | | 组号 | | 任务 | |
|---|---|---|---|---|---|
| 组长 | | 学号 | | 指导老师 | |
| 组员 | 学号 | 角色指派 | | | 备注 |
| | | | | | |
| | | | | | |
| | | | | | |
| | | | | | |
| | | | | | |
| | | | | | |
| | | | | | |

## 学习情景 1：数据采集方式

姓名　　　　班级　　　　日期　　　　信息页–1

**获取信息**

❓ 引导问题 1：自主学习数据采集的基本知识。

❓ 引导问题 2：查询资料，数控系统都有哪些数据可以被采集得到，具体的采集方法有哪些？用到哪些技术？

❓ 引导问题 3：列举几种常见的 PLC 控制器。查询资料，怎样获取这些 PLC 中的数据？

❓ 引导问题 4：列举几种常见的仪表。查询资料，怎样获取这些仪表的相关数据？（提示：电表、水表、流量计等）

❓ 引导问题 5：列举几种常见的传感器。查询资料，怎样获取这些传感器的相关数据？（提示：温度、压力、流量、速度等）

❓ 引导问题 6：请思考这些数据经过采集后，是怎样进行存储的？

❓ 引导问题 7：MES 系统为什么使用这些数据，MES 系统都可以在哪些功能里进行数据集成？

小组讨论，填写表 8-1-2。

## 学习情景 1：数据采集方式

姓名　　　　　班级　　　　　日期　　　　　信息页–2

表 8-1-2　车间数据采集点表

| 序号 | 数据点 | 所属系统 | 采集方法 |
|---|---|---|---|
| 1 | 1号机床主轴转速 | 1号数控机床 | OPC-UA |
| 2 | 1号机床开机信号 | PLC 启动信号 I0.0 | 西门子 OPC |
|  |  |  |  |
|  |  |  |  |
|  |  |  |  |
|  |  |  |  |
|  |  |  |  |
|  |  |  |  |

学习情景 1：数据采集方式

姓名　　　　　班级　　　　　日期　　　　　计划页–1

工作计划

按照任务书要求和获取的信息，结合实训平台，进行数据采集过程的执行与记录工作，并填写表 8-1-3。

表 8-1-3　工作计划表

| 序号 | 数据点 | 所属系统 | 采集方法 | 备注 |
|---|---|---|---|---|
|  |  |  |  |  |
|  |  |  |  |  |
|  |  |  |  |  |
|  |  |  |  |  |
|  |  |  |  |  |
|  |  |  |  |  |
|  |  |  |  |  |
|  |  |  |  |  |

## 学习情景1：数据采集方式

| 姓名 | 班级 | 日期 | 实施页-1 |

### 一、PLC采集

PLC为现在制造业应用最广泛的控制器，大部分产线、设备都通过PLC进行控制，实现了对PLC的采集，即可实现对大部分设备数据的采集。常见的PLC有西门子、三菱、欧姆龙等。

如下为西门子PLC数据采集案例：（通过PLC对机器人数据进行采集）

```
/// <summary>
/// 机器人信息
/// </summary>
/// <returns></returns>
[HttpGet("RobotInfo")]
public IActionResult RobotInfo()
{
    try
    {
        var modbus = PlcApi.ConnectModbusTwo();//PLC连接
        if (modbus == null)
        {
            return Ok(new { res = -1, msg = "PLC连接失败" });
        }
        ushort[] result1 = modbus.ReadHoldingRegisters(4, 0, 2);//PLC读取保持寄存器
        ushort[] result2 = modbus.ReadHoldingRegisters(4, 2, 2);
        ushort[] result3 = modbus.ReadHoldingRegisters(4, 4, 2);
        ushort[] result4 = modbus.ReadHoldingRegisters(4, 6, 2);
        ushort[] result5 = modbus.ReadHoldingRegisters(4, 8, 2);
        ushort[] result6 = modbus.ReadHoldingRegisters(4, 10, 2);
        ushort[] result7 = modbus.ReadHoldingRegisters(4, 12, 2);
        ushort speed = modbus.ReadHoldingRegisters(4, 14, 1).First();
        ushort[] state = modbus.ReadHoldingRegisters(4, 15, 1);
```

## 学习情景 1：数据采集方式

| 姓名 | 班级 | 日期 | 实施页-2 |

```csharp
string value = Convert.ToString (state[0], 2) .PadLeft (16, '0');
float axis1 = PlcApi.ushorttofloatlow (result1);
float axis2 = PlcApi.ushorttofloatlow (result2);
float axis3 = PlcApi.ushorttofloatlow (result3);
float axis4 = PlcApi.ushorttofloatlow (result4);
float axis5 = PlcApi.ushorttofloatlow (result5);
float axis6 = PlcApi.ushorttofloatlow (result6);
float axis7 = PlcApi.ushorttofloatlow (r ());
robotaxisinfo.Add ("axis2", axis2.ToString ());
robotaxisinfo.Add ("axis3", axis3.ToString ());
robotaxisinfo.Add ("axis4", axis4.ToString ());
robotaxisinfo.Add ("axis5", axis5.ToString ());
robotaxisinfo.Add ("axis6", axis6.ToString ());
robotaxisinfo.Add ("axis7", axis7.ToString ());
robotaxisinfo.Add ("speed", speed.ToString ());
robotaxisinfo.Add ("manual", value.Substring (15, 1));// 手动
robotaxisinfo.Add ("auto", value.Substring (14, 1));// 自动
robotaxisinfo.Add ("remote", value.Substring (13, 1));// 远程
robotaxisinfo.Add ("servo", value.Substring (12, 1));// 伺服
robotaxisinfo.Add ("alarm", value.Substring (11, 1));// 报警
robotaxisinfo.Add ("stop", value.Substring (10, 1));// 急停
robotaxisinfo.Add ("programrun", value.Substring (9, 1));
// 程序运行
robotaxisinfo.Add ("safelocal1", value.Substring (8, 1));
// 安全位置 1
robotaxisinfo.Add ("safelocal2", value.Substring (7, 1));
// 安全位置 2
robotaxisinfo.Add ("safelocal3", value.Substring (6, 1));
// 安全位置 3
robotaxisinfo.Add ("safelocal4", value.Substring (5, 1));
// 安全位置 4
robotaxisinfo.Add ("programload", value.Substring (4, 1));
// 程序加载状态
```

## 学习情景 1：数据采集方式

| 姓名 | 班级 | 日期 | 实施页-3 |

```csharp
                robotaxisinfo.Add("servoready", value.Substring(3, 1));
// 伺服准备状态
            return Ok(new { res = 0, msg = robotaxisinfo });
        }
        catch (Exception ex)
        {
            return Ok(new { res = -1, msg = ex.Message });
        }
    }
```

如下为西门子 PLC 数据采集案例：（通过 PLC 对 AGV 数据进行采集）

```csharp
/// <summary>
/// AGV 信息
/// </summary>
/// <returns></returns>
[HttpGet("AgvInfo")]
public IActionResult AgvInfo()
{
    try
    {
        var modbus = PlcApi.ConnectModbusOne();//PLC 连接
        if (modbus == null)
        {
            return Ok(new { res = -1, msg = "PLC 连接失败" });
        }
        List<ushort> result = modbus.ReadHoldingRegisters(6, 3, 5).ToList();// 读取 PLC 保持寄存器
        ushort[] result1 = modbus.ReadHoldingRegisters(6, 8, 1);
// 处理获取结果
        string value1 = Convert.ToString(result1[0], 2).PadLeft(16, '0');
        string pallet = value1.Substring(7, 1);
        string finish = value1.Substring(6, 1);
```

## 学习情景 1：数据采集方式

姓名　　　　班级　　　　日期　　　　实施页-4

```
        Dictionary<string, ushort> value = new Dictionary<string, ushort>();
            value.Add("agv_id", result[0]);//agv id
            value.Add("agv_speed", result[1]);//agv 速度
            value.Add("agv_power", result[2]);//agv 电量
            value.Add("agv_state", result[3]);//102 下降  //85 顶升
            value.Add("agv_local", result[4]);//1  2  3  4
            value.Add("agv_pallet", ushort.Parse(pallet));// 出库
            value.Add("agv_workfinish", ushort.Parse(finish));// 入库
            return Ok(new { res = 0, msg = value });
        }
        catch (Exception ex)
        {
            return Ok(new { res = -1, msg = ex.Message });
        }
    }
```

### 二、机床控制器采集

通过机床控制器采集，可采集机床的轴坐标、进给速度、进给倍率、当前程序号、机床状态、加工时间、运行模式等一系列数据。数据皆为通过 modbus 协议直接从机床控制器读取。

如下为 KND 机床控制器采集案例：

```
/// <summary>
/// 加工中心状态
/// </summary>
[HttpGet("Millier")]
public IActionResult MillierInfo()
{
    try
    {
        JObject mk = PlcApi.MachineDoor();
        JObject result = new JObject();
```

## 学习情景 1：数据采集方式

| 姓名 | 班级 | 日期 | 实施页 –5 |
|---|---|---|---|

```
var curno = knc.GetCurPrjNo();// 当前程序号
var status = knc.GetStatus();// 获取机床状态
var coors = knc.GetMachineCoors();// 获取机床坐标
var feedrate = knc.GetFeedrate();// 进给倍率
var worktime = knc.GetWorkTime();// 获取机床加工时间
//var workcounts = knc.GetWorkCounts();// 获取机床加工件数
var speed = knc.GetSpeed();// 获取主轴速率
result.Add("runstatus", status["run-status"].ToString());
// 运行状态 0 停止 1 暂停 2 运行
result.Add("mode", status["opr-mode"].ToString());// 工作模式 0 录入模式 1 自动模式 3 编辑模式 4 单步模式 5 手动模式 6 手动编辑模式 7 手轮编辑模式 8 手轮模式 9 机械回零模式 10 程序回零模式
result.Add("ready", status["ready"].ToString());// 是否就绪 true 就绪 false 未就绪
result.Add("reason", status["not-ready-reason"].ToString());// 未就绪原因 0 正常 1 急停信号有效 2 伺服准备未绪 4 IO 准备未绪 其他 未知原因
result.Add("alarms", status["alarms"]);// 警告
result.Add("procur", curno["number"].ToString());// 当前程序号
result.Add("xaxis", coors["X"].ToString());//X 轴坐标
result.Add("yaxis", coors["Y"].ToString());//Y 轴坐标
result.Add("zaxis", coors["Z"].ToString());//Z 轴坐标
result.Add("feedrate", feedrate["feedrate"].ToString());// 进给倍率
result.Add("speed", speed["1"].ToString());// 主轴速率
result.Add("totaltime", worktime["total"].ToString());// 加工时间 秒
result.Add("door", mk["door"].ToString());
result.Add("chuck", mk["chuck"].ToString());
return Ok(new { res = 0, msg = result });
}
```

```
        catch (Exception ex)
        {
            return Ok (new { res = -1, msg = ex.Message });
        }
    }
```

### 三、仪表采集

在制造企业当中,存在着大量的仪器仪表,包括水表、电表、燃气表等等,都属于能源用表。对此类仪表数据的采集并实时监控,可有效控制能源费用的支出,减少制造成本。

仪表采集方式如图 8-1-1 所示,串口服务器通过串口线连接带有串口的仪表,通过网线连接 PC 机,进而通过串口服务器实现串口设备和 PC 机之间的双向数据传输。

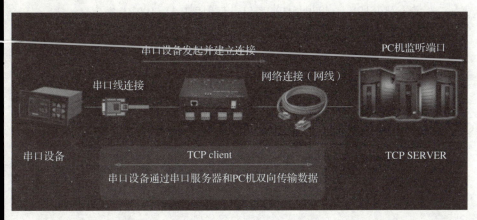

图 8-1-1  仪表采集方式

此为通过 modbus 协议对水电仪表数据进行采集。

```
using Modbus.Device;
using System;
using System.Collections.Generic;
using System.Linq;
using System.Net.Sockets;
using System.Text;
using System.Threading.Tasks;
namespace ConsoleApp4
```

## 学习情景1：数据采集方式

| 姓名 | 班级 | 日期 | 实施页-7 |

```csharp
{
    class Program
    {
        /// <summary>
        /// C# 采集 Modbus Tcp 类型仪表示例
        /// </summary>
        /// <param name="args"></param>
        static void Main(string[] args)
        {
            TcpClient client;
            ModbusIpMaster master;
            // 通过IP和端口连接到仪表
            client = new TcpClient("127.0.0.1", 502);
            master = ModbusIpMaster.CreateIp(client);
            //// 读取仪表指定的地址
            ushort[] v1 = master.ReadHoldingRegisters(0, 300, 2);
            // 对数据进行转换 得到最终数据
            float value = BitConverter.ToSingle(BitConverter.GetBytes(((short)v1[0] << 16) + v1[1]), 0);
        }
    }
}
```

## 学习情景 1：数据采集方式

| 姓名 | | 班级 | | 日期 | | 检查页-1 | |

**检查验收**

根据各小组数据采集任务完成情况，按照验收标准进行检查验收和评价，包括数控采集、PLC 采集、仪表采集、传感器采集等，将验收问题、整改措施及完成时间进行记录。验收标准及评分表见表 8-1-4，验收过程问题记录表见表 8-1-5。

表 8-1-4　验收标准及评分表

| 序号 | 验收项目 | 验收标准 | 分值 | 教师评分 | 备注 |
|---|---|---|---|---|---|
| 1 | 数控采集 | 采集成功 | | | |
| 2 | PLC 采集 | 采集成功 | | | |
| 3 | 仪表采集 | 采集成功 | | | |
| | 合计 | | 100 | | |

表 8-1-5　验收过程问题记录表

| 序号 | 验收问题记录 | 整改措施 | 完成时间 | 备注 |
|---|---|---|---|---|
| | | | | |
| | | | | |
| | | | | |
| | | | | |
| | | | | |

## 学习情景1:数据采集方式

| 姓名 | 班级 | 日期 | 评价页-1 |

### 评价反馈

各组展示数据采集效果,介绍任务的完成过程并提交阐述材料,进行学生自评、学生组内互评、教师评价,完成考核评价表。考核评价表见表8-1-6。

**引导问题8:** 在本次完成任务的过程中,给你印象最深的是哪件事?自己的职业能力有哪些明显提高?

_____

**引导问题9:** 你对MES数据采集方式了解了多少?还想继续学习关于MES的哪些内容?

_____

表8-1-6 考核评价表

| 评价项目 | 评价内容 | 分值 | 自评 20% | 互评 20% | 师评 60% | 合计 |
|---|---|---|---|---|---|---|
| 职业素养 40分 | 爱岗敬业、安全意识、责任意识、服从意识 | 10 | | | | |
| | 积极参加任务活动,按时完成工作页 | 10 | | | | |
| | 团队合作、交流沟通能力,集体主义精神 | 10 | | | | |
| | 劳动纪律、职业道德 | 5 | | | | |
| | 现场6s标准,行为规范 | 5 | | | | |
| 专业能力 60分 | 专业资料检索能力,中外品牌分析能力 | 10 | | | | |
| | 制订计划能力,严谨认真 | 10 | | | | |
| | 操作符合规范,精益求精 | 15 | | | | |
| | 工作效率,分工协作 | 10 | | | | |
| | 任务验收质量,质量意识 | 15 | | | | |
| | 合计 | 100 | | | | |
| 创新能力 加分20 | 创新性思维和行动 | 20 | | | | |
| | 总计 | 120 | | | | |
| 教师签名: | | | 学生签名: | | | |

### 学习情景1：数据采集方式

姓名　　　　班级　　　　日期　　　　知识页-1

**拓展知识**

数据采集是指被测对象的各种参量通过各种传感器做适当转换后，再经过信号调理、采样、量化、编码、传输等步骤传递到控制器的过程。被采集数据是已被转换为电信号的各种物理量，如温度、水位、风速、压力等，可以是模拟量，也可以是数字量。在互联网行业快速发展的今天，数据采集已经被广泛应用于互联网并分布到各领域，数据采集领域已经发生了重大的变化。首先，分布式控制应用场合中的智能数据采集系统在国内外已经取得了长足的发展；其次，总线兼容型数据采集插件的数量不断增大，与个人计算机兼容的数据采集系统的数量也在增加。国外各种数据采集机先后问世，将数据采集带进了一个全新的时代。

#### 一、生产数据

智能制造离不开车间生产数据的支撑。在制造过程中，数控机床不仅是生产工具和设备，更是车间信息网络的节点，通过机床数据的自动化采集、统计、分析和反馈，将结果用于改善制造过程，将大大提高制造过程的柔韧性和加工过程的集成性，从而提升产品质量和生产效率。

生产数据及设备状态信息采集分析管理系统MDC（Manufacturing Data Collection & Status Management）主要用于采集数控机床和其他生产设备的工作和运行状态数据，实现对设备的监视与控制，并对采集的数据进行分析处理，也可为MES和ERP等其他软件提供数据支持。MDC系统是机床数据采集系统和机床数据分析处理系统的集成，是具有数据采集，机床监控，数据分析处理，报表输出等功能的车间应用管理和决策支援系统。

MDC通过与数控系统、PLC系统以及机床电控部分的智能化集成，实现对机床数据采集部分的自动化执行，不需要操作人员的手动输入，保障了数据的实时性和准确性。在采集数据的挖掘方面，MDC为企业提供了更为专业化的分析和处理，个性化的数据处理和丰富的图形报表展示，对机床和生产相关的关键数据进行统计和分析，如开机率、主轴运转率、主轴负载率、NC运行率、故障率、设备综合利用率（OEE）、设备生产率、零部件合格率、质量百分比等。精确的数据及时传递并分散到相关流程部门处理，实时引导、响应和报告车间的生产动态，极大地提高了解决问题的能力，推进了企业车间智能制造的进程。

学习情景 1：数据采集方式

| 姓名 | 班级 | 日期 | 知识页-2 |

## 二、数据采集的过程

数据采集系统架构分为设备层、采集层、存储层、应用层，如图 8-1-2 所示。设备层为生产车间的常见自动化设备及仪器仪表等，如 PLC、机床控制器、传感器、仪表等；采集层为与设备对接的数据采集接口，如以太网模块、变送器、串口转网口、IOT GateWay 软件网关；存储层为采集数据的存储区域，分为实时存储与持久性数据存储，实时数据存储采用 Redis 实时存储数据库，主要存储实时性数据。持久数据存储采用 MongoDB 数据库，可存储数据量庞大的历史运行数据。应用层为最终的功能体现，实现功能的应用，包括设备管理配置、数据处理展示、消息推送等应用。

图 8-1-2　数据采集架构图

数据采集过程的原始数据是反映试验结构或试验状态的物理量，如力、温度、线位移、角位移和应变等。这些物理量通过传感器，被转换成为电信号；通过数据采集仪的扫描采集，进入数据采集仪，再通过 A/D 转换，变成数字量。通过系数换算，变成代表原始物理量的数值，然后把这些数据打印输出、存入磁盘或暂时存在数据采集仪的内存；通过连接采集仪和计算机的接口，存在数据采集仪内存的数据进入计算机，计算机再对这些数据进行计算处理，如把位移换算成挠度、把力换算成应力等。计算机把这些数据存入文件、打印输出，并可以选择其中部分数据显示在屏幕上，如位移与荷载的关系曲线等。如图 8-1-3 所示。

数据采集过程是由数据采集程序控制的，数据采集程序主要由两部分组成，第一部分的作用是数据采集的准备，第二部分的作用是正式采集。程序的

## 学习情景 1：数据采集方式

姓名　　　　　班级　　　　　日期　　　　　知识页-3

运行有六个步骤，第一步为启动数据采集程序，第二步为进行数据采集的准备工作，第三步为采集初读数，第四步为采集待命，第五步为执行采集（一次采集或连续采集），第六步为终止程序运行。数据采集过程结束后，所有采集到的数据都存在磁盘文件中，数据处理时可直接从这个文件中读取数据。

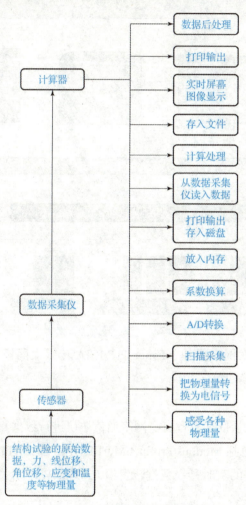

图 8-1-3　数据采集过程图

### 三、软件架构

数据采集软件包含设备层、采集层、存储层、应用层四个标准层级架构。如图 8-1-4 所示。

#### 1.设备层

系统设备层包括 PLC、机床控制器、传感器、仪表等硬件设备。这些设备需本身自带网口或增加网络模块，才能支持网络数据采集。常见的网络附加

## 学习情景1：数据采集方式

| 姓名 | 班级 | 日期 | 知识页-4 |

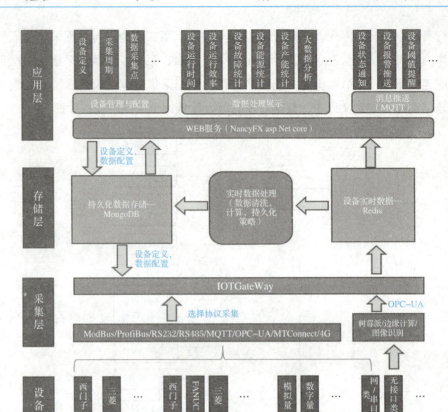

图 8-1-4　数据采集软件架构图

模块包括PLC以太网口模块、Fanuc PCMCIA转以太网模块、串口转网口模块、串口转WiFi模块等。

2. 采集层

系统采集层包括依据设备自身网络通信协议进行数据交互的软件采集功能模块。网络协议包括Modbus/Profinet/MQTT/OPC-UA/MTConnect等。软件采集功能模块将采集的实时秒级数据转发给IOTGateWay网关，由网关向存储层提供数据。

3. 存储层

存储层提供设备定义与数据配置信息。将实时数据先存入Redis缓存系统，经过实时数据清洗、计算后，将有效数据存入持久化的MongoDB数据库。

4. 应用层

应用层通过与Redis、MongoDB数据库的对接，使用WEB服务获取设备与数据信息，支持网页端的设备管理、数据展示、消息推送等功能。

## 学习情景 1：数据采集方式

姓名　　　　班级　　　　日期　　　　知识页-5

### 四、网络架构

数据采集系统要求车间及办公网络支持。建议的网络配置如图 8-1-5 所示。

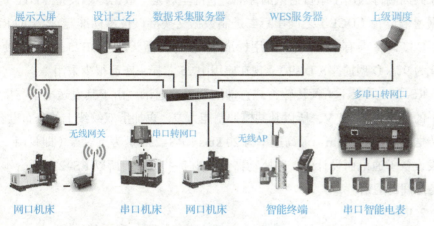

图 8-1-5　数据采集网络架构图

参数要求：RJ45 网线要求：Cat.5e 及以上，带金属屏蔽网层，传输速率 ≥ 100 Mbps；无线 AP/ 路由 / 交换机要求：工业级，传输速率 ≥ 100 Mbps。

### 五、串口知识

串行接口简称串口，也称串行通信接口或串行通信接口（通常指 COM 接口），是采用串行通信方式的扩展接口。串行接口是指数据一位一位地顺序传送，其特点是通信线路简单，只要一对传输线就可以实现双向通信（可以直接利用电话线作为传输线），从而大大降低了成本，特别适用于远距离通信，但传送速度较慢。

串口的出现是在 1980 年前后，数据传输率是 115 kbps～230 kbps。串口出现的初期是为了实现连接计算机外设的目的，初期串口一般用来连接鼠标和外置 Modem 以及老式摄像头和写字板等设备。串口也可以应用于两台计算机（或设备）之间的互联及数据传输。由于串口（COM）不支持热插拔及传输速率较低，部分新主板和大部分便携电脑已开始取消该接口。串口多用于工控和测量设备以及部分通信设备中。

接口划分标准

串行接口按电气标准及协议来分，包括 RS-232、RS-422、RS485 等。RS-232、RS-422 与 RS-485 标准只对接口的电气特性做出规定，不涉及接插件、电缆或协议。

## 学习情景 1：数据采集方式

### 1. RS-232

RS-232 也称标准串口，是最常用的一种串行通信接口。它是在 1970 年由美国电子工业协会（EIA）联合贝尔系统、调制解调器厂家及计算机终端生产厂家共同制订的用于串行通讯的标准。它的全名是"数据终端设备（DTE）和数据通信设备（DCE）之间串行二进制数据交换接口技术标准"。传统的 RS-232-C 接口标准有 22 根线，采用标准 25 芯 D 型插头座（DB25），后来使用简化为 9 芯 D 型插座（DB9），现在应用中 25 芯插头座已很少采用。

RS-232 采取不平衡传输方式，即所谓单端通讯。由于其发送电平与接收电平的差仅为 2～3 V，所以其共模抑制能力差，再加上双绞线上的分布电容，其传送距离为约 15 m，最高速率为 20 kb/s。RS-232 是为点对点（即只用一对收发设备）通讯而设计的，其驱动器负载为 3～7 kΩ。所以 RS-232 适合本地设备之间的通信。

### 2. RS-422

RS-422 标准全称是"平衡电压数字接口电路的电气特性"，它定义了接口电路的特性。典型的 RS-422 是四线接口。实际上还有一根信号地线，共 5 根线。其 DB9 连接器引脚定义。由于接收器采用高输入阻抗和发送驱动器比 RS-232 更强，故允许在相同传输线上连接多个接收节点，最多可接 10 个节点。即一个主设备（Master），其余为从设备（Slave），从设备之间不能通信，所以 RS-422 支持点对多的双向通信。接收器输入阻抗为 4k，故发送端最大负载能力是 10×4k+100 Ω（终接电阻）。RS-422 四线接口由于采用单独的发送和接收通道，因此不必控制数据方向，各装置之间任何必需的信号交换均可以按软件方式（XON/XOFF 握手）或硬件方式（一对单独的双绞线）实现。

RS-422 的最大传输距离为 1 219 m，最大传输速率为 10 Mb/s。其平衡双绞线的长度与传输速率成反比，在 100 kb/s 速率以下，才可能达到最大传输距离。只有在很短的距离下才能获得最高速率传输。一般 100 米长的双绞线上所能获得的最大传输速率仅为 1 Mb/s。

### 3. RS-485

RS-485 是从 RS-422 基础上发展而来的，所以 RS-485 许多电气规定与 RS-422 相仿。如都采用平衡传输方式，都需要在传输线上接终接电阻等。RS-485 可以采用二线与四线方式，二线制可实现真正的多点双向通信，而采用四线连接时，与 RS-422 一样只能实现点对多的通信，即只能有一个主设备（Master），其余为从设备，但它比 RS-422 有改进，无论四线还是二线连接方式总线上可多接到 32 个设备。

### 学习情景 1：数据采集方式

| 姓名 | 班级 | 日期 | 知识页-7 |

RS-485 与 RS-422 的不同还在于其共模输出电压是不同的，RS-485 为 -7~+12 V，而 RS-422 为 -7~+7 V；RS-485 接收器最小输入阻抗为 12 kΩ，RS-422 为 4 kΩ。由于 RS-485 满足所有 RS-422 的规范，所以 RS-485 的驱动器可以在 RS-422 网络中应用。

RS-485 与 RS-422 一样，其最大传输距离为 1 219 m，最大传输速率为 10 Mb/s。平衡双绞线的长度与传输速率成反比，在 100 kb/s 速率以下，才可能使用规定最长的电缆长度。只有在很短的距离下才能获得最高速率传输。一般 100 m 长双绞线最大传输速率仅为 1 Mb/s。

### 六、检测报告采集

检测报告采集包括采集一些检测设备的检测数据以及人工质检信息等。检测数据，例如第五章介绍的三坐标检测仪、粗糙度检测仪、视觉影像检测仪等，都属于常见的检测设备。这类设备检测后，都会生成一个检测报告，检测报告的格式根据不同的检测设备及设置方式有不同的形式，例如 word、pdf、excel、txt 等格式。

检测报告的采集主要有三种方式：

测量报告及日志：系统通过自动定时读取或人工手动导入 log 文件的方式，采集检测报告。一般检测设备在检测完之后，会生成检测报告文件，保存在指定路径，只要根据指定路径读取该文件，即可获取检测报告。如图 8-1-6 所示。

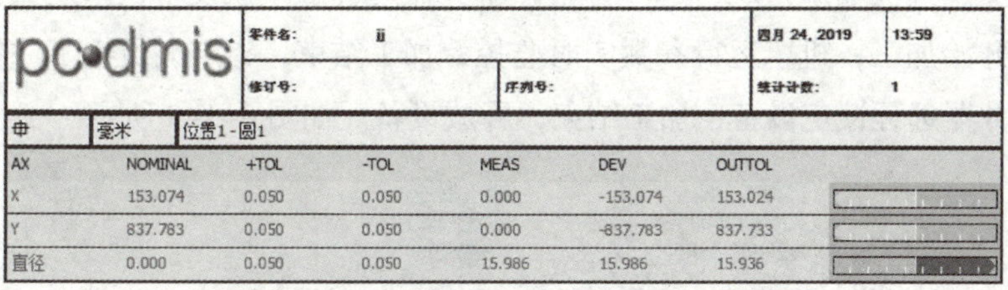

图 8-1-6　三坐标检测报告

数据通信接口获取：有些设备的检测结果会直接保存至系统控制器内，可以根据设备的通信协议开发对应的接口获取其检测报告。例如机床在线测量头，在测量结束后，会将测量结果保存至机床控制器宏程序内，只要读取对应地址的数据，即可获取检测结果。如图 8-1-7 所示。

人工填写表单：对于一些人工手动检测的报告，可由质检人员手动通过 MDC 网页端填写相应的质检信息。对于人工手动填写的质检信息，需要按照系统给定填写模板进行填写，方便后期的数据统计及管理。如图 8-1-8 所示。

## 学习情景 1：数据采集方式

| 姓名 | 班级 | 日期 | 知识页-8 |

图 8-1-7　在线测量头测量结果

图 8-1-8　手动录入质检信息

### 七、设备闭锁控制

设备闭锁控制是指对于一些关键设备，只允许某一固定人员或有特殊订单时才可以开启生产，否则无法启动。这类功能常出现在军工企业以及一些对生产控制较为严格的企业当中。

具体控制流程为：当有特殊生产订单时，通过管理员将订单派发至指定设备和人员；人员登录系统，选择订单；服务器远程解锁该设备；指定人员开启设备并开始加工；机床运行参数实时监控；加工结束，指定人员报工注销并离开；服务器远程锁定设备；加工结束，释放设备。如图 8-1-9 所示。

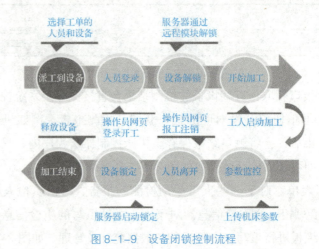

图 8-1-9　设备闭锁控制流程

## 学习情景 1：数据采集方式

| 姓名 | 班级 | 日期 | 知识页-9 |

### 八、环境数据采集

环境数据包括温度、湿度、落尘等，对于此类环境数据采集，需要增加相应的温湿度传感器、落尘传感器。通过传感器采集车间的环境数据，并将数据传给 MDC 数据采集系统，实现对车间环境的采集。如图 8-1-10，图 8-1-11，图 8-1-12 所示。

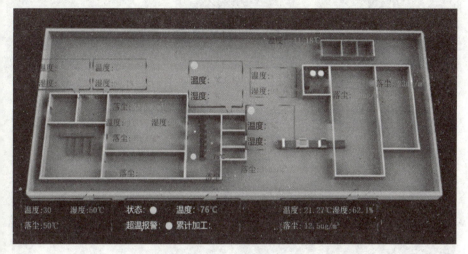

图 8-1-10　环境采集数据

图 8-1-11　温湿度传感器　　　图 8-1-12　落尘传感器

### 九、RFID 定位采集

RFID 定位采集是通过在工人工卡上安装 RFID 定位卡片的方式定位工人的位置。工人工卡中装有 RFID 定位卡片，在车间内墙壁上安装射频天线，则射频天线可以接收卡片的位置信息，并将接收到的位置信息利用射频网关接入到网络中，即可定位每个工人的位置，并可生成工人当天的运行轨迹图。如图 8-1-13，图 8-1-14，图 8-1-15，图 8-1-16 所示。

学习情景1：数据采集方式

姓名　　　　　班级　　　　　日期　　　　　知识页-10

图8-1-13　射频天线　　　图8-1-14　射频网关　　　图8-1-15　射频定位卡

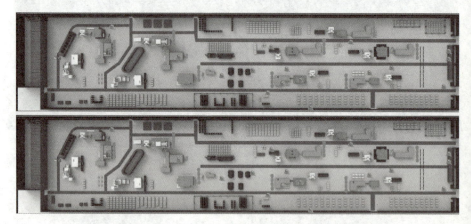

图8-1-16　人员定位

## 十、RFID知识

无线射频识别即射频识别技术（Radio Frequency Identification，RFID），是自动识别技术的一种，通过无线射频方式进行非接触双向数据通信，利用无线射频方式对记录媒体（电子标签或射频卡）进行读写，从而达到识别目标和数据交换的目的，其被认为是21世纪最具发展潜力的信息技术之一。RFID的应用非常广泛，典型应用有动物晶片、汽车晶片防盗器、门禁管制、停车场管制、生产线自动化、物料管理。

无线射频识别技术通过无线电波不接触快速信息交换和存储技术，通过无线通信结合数据访问技术连接数据库系统，加以实现非接触式的双向通信，从而达到识别的目的并用于数据交换，串联起一个极其复杂的系统。在识别系统中，通过电磁波实现电子标签的读写与通信。根据通信距离，可分为近场和远场，为此读/写设备和电子标签之间的数据交换方式也对应地被分为负载调制

## 学习情景 1：数据采集方式

和反向散射调制。

### 1. RFID 的工作原理

RFID 技术的基本工作原理并不复杂，标签进入读写器后，接收读写器发出的射频信号，凭借感应电流所获得的能量发送出存储在芯片中的产品信息（Passive Tag，无源标签或被动标签），或者由标签主动发送某一频率的信号（Active Tag，有源标签或主动标签），读写器读取信息并解码后，送至中央信息系统进行有关数据处理。

一套完整的 RFID 系统，是由读写器与电子标签也就是所谓的应答器及应用软件系统三个部分所组成，其工作原理是读写器（Reader）发射一特定频率的无线电波能量，用以驱动电路将内部的数据送出，此时 Reader 便依序接收解读数据，送给应用程序做相应的处理。

以 RFID 卡片读写器及电子标签之间的通信及能量感应方式来看，大致上可以分成：感应耦合及后向散射耦合两种。一般低频的 RFID 大都采用第一种方式，而较高频大多采用第二种方式。

读写器根据使用的结构和技术不同可以是读或读/写装置，是 RFID 系统信息控制和处理中心。读写器通常由耦合模块、收发模块、控制模块和接口单元组成。读写器和标签之间一般采用半双工通信方式进行信息交换，同时读写器通过耦合给无源标签提供能量和时序。在实际应用中，可进一步通过 Ethernet 或 WLAN 等实现对物体识别信息的采集、处理及远程传送等管理功能。

### 2. RFID 的组成部分

完整的 RFID 系统由读写器（Reader）、电子标签（Tag）和数据管理系统三部分组成。

关于读写器

读写器是将标签中的信息读出，或将标签所需要存储的信息写入标签的装置。根据使用的结构和技术不同，读写器可以是读/写装置，也是 RFID 系统信息控制和处理中心。在 RFID 系统工作时，由读写器在一个区域内发送射频能量形成电磁场，区域的大小取决于发射功率。在读写器覆盖区域内的标签被触发，发送存储在其中的数据，或根据读写器的指令修改存储在其中的数据，并能通过接口与计算机网络进行通信。读写器的基本构成通常包括：收发天线、频率产生器、锁相环、调制电路、微处理器、存储器、解调电路和外设接口组成。

（1）收发天线：发送射频信号给标签，并接收标签返回的响应信号及标签

## 学习情景 1：数据采集方式

信息。

（2）频率产生器：产生系统的工作频率。

（3）锁相环：产生所需的载波信号。

（4）调制电路：把发送至标签的信号加载到载波并由射频电路送出。

（5）微处理器：产生要发送往标签的信号，同时对标签返回的信号进行译码，并把译码所得的数据回传给应用程序，若是加密的系统还需要进行解密操作。

（6）存储器：存储用户程序和数据。

（7）解调电路：解调标签返回的信号，并交给微处理器处理。

（8）外设接口：与计算机进行通信。

关于电子标签

电子标签由收发天线、AC/DC 电路、解调电路、逻辑控制电路、存储器和调制电路组成。

（1）收发天线：接收来自读写器的信号，并把所要求的数据送回给阅读器。

（2）AC/DC 电路：利用读写器发射的电磁场能量，经稳压电路输出为其他电路提供稳定的电源。

（3）解调电路：从接收的信号中去除载波，解调出原信号。

（4）逻辑控制电路：对来自读写器的信号进行译码，并依读写器的要求回发信号。

（5）存储器：作为系统运作及存放识别数据的位置。

（6）调制电路：逻辑控制电路所送出的数据经调制电路后加载到天线送给读写器。

3. RFID 的分类

射频识别技术依据其标签的供电方式可分为三类，即无源 RFID，有源 RFID 与半有源 RFID。

1）无源 RFID

在三类 RFID 产品中，无源 RFID 出现时间最早最成熟，其应用也最为广泛。在无源 RFID 中，电子标签通过接受射频识别读写器传输来的微波信号以及通过电磁感应线圈获取能量来对自身短暂供电，从而完成此次信息交换。因为省去了供电系统，所以无源 RFID 产品的体积可以达到厘米量级甚至更小，而且自身结构简单，成本低，故障率低，使用寿命较长。但作为代价，无源 RFID 的有效识别距离通常较短，一般用于近距离的接触式识别。无源 RFID

## 学习情景 1：数据采集方式

| 姓名 | 班级 | 日期 | 知识页-13 |

主要工作在较低频段 125 kHz、13.56 MkHz 等，其典型应用包括：公交卡、二代身份证、食堂餐卡等。

2）有源 RFID

有源 RFID 兴起的时间不长，但已在各个领域尤其是在高速公路电子不停车收费系统中发挥着不可或缺的作用。有源 RFID 通过外接电源供电，主动向射频识别读写器发送信号，其体积相对较大。但也因此拥有了较长的传输距离与较高的传输速度。一个典型的有源 RFID 标签能在百米之外与射频识别读写器建立联系，读取率可达 1 700 read/sec。有源 RFID 主要工作在 900 MHz、2.45 GHz、5.8 GHz 等较高频段，且具有可以同时识别多个标签的功能。有源 RFID 的远距性、高效性，使得它在一些需要高性能、大范围的射频识别应用场合里必不可少。

3）半有源 RFID

无源 RFID 自身不供电，有效识别距离太短。有源 RFID 识别距离足够长，但需外接电源，体积较大。而半有源 RFID 就是为这一矛盾而妥协的产物。半有源 RFID 又叫做低频激活触发技术。在通常情况下，半有源 RFID 产品处于休眠状态，仅对标签中保持数据的部分进行供电，因此耗电量较小，可维持较长时间。当标签进入射频识别读写器识别范围后，读写器先以 125 KHz 低频信号在小范围内精确激活标签使之进入工作状态，再通过 2.4 GHz 微波与其进行信息传递。也就是说，先利用低频信号精确定位，再利用高频信号快速传输数据。其通常应用场景为：在一个高频信号所能覆盖的大范围中，在不同位置安置多个低频读写器用于激活半有源 RFID 产品。这样既完成了定位，又实现了信息的采集与传递。

## 学习情景 2：采集数据的管理

| 姓名 | 班级 | 日期 | 任务页-1 |
|---|---|---|---|

### 学习情景 2：采集数据的管理

**学习任务描述**

通过设备监控模块，查看车间设备实时数据；通过统计分析模块，将得到的大量的车间现场数据进行统计分析，改善车间管理；通过程序管理模块了解数控程序管理方法；通过故障管理模块，了解故障统计功能的实现，分析故障原因，为设备预防性维修提供知识库支撑。

**学习目标**

通过学习，希望学生能够达到以下几点知识、技能与素质目标：
1. 了解采集数据如何在 MES 系统中进行使用；
2. 掌握在 MES 系统中采集数据与分析数据的方法；
3. 掌握在 MES 系统中相关数据采集统计图表、报表的检索方法；
4. 通过小组合作，完成 MES 采集数据的管理工作，提升学生的数据分析能力，提升小组的团队合作能力，提升学生对 MES 系统底层数据应用的理解。

**任务书**

对采集到的某汽车锻造公司的生产车间现场数据进行分析、统计等工作。主要包括以下几个方面：
1. 设备监控：在 MES 系统中对所有车间设备进行在线监控功能；
2. 统计分析：对采集到的数据进行一段时间的统计与分析工作；
3. 程序管理：在本系统中实现 DNC 数控代码上传下载功能；
4. 故障管理：通过对采集到的设备故障数据，进行统计与分析。
在 MES 系统，使用已采集到的数据，在客户端软件中对数据进行展示与统计分析工作。

**任务分组**

将班级学生分组，6 人或 7 人为一组。
设置 2 名设备监控功能分析人员，负责设备监控功能的结果查看工作。

### 学习情景 2：采集数据的管理

| 姓名 | | 班级 | | 日期 | | 任务页 -2 |

设置 2 名统计分析人员，负责对采集到的设备数据进行统计分析工作。
设置 2 名数控代码管理人员，负责数控程序上传下载测试工作。
设置 1 名设备故障管理人员，负责设备故障统计分析工作。
各组员需要在各自的工作领域完成任务要求，培养学生的团队协作能力。
学生任务分组表见表 8-2-1。

表 8-2-1　学生任务分组表

| 班级 | | 组号 | | 任务 | |
|---|---|---|---|---|---|
| 组长 | | 学号 | | 指导老师 | |
| 组员 | 学号 | | 角色指派 | | 备注 |
| | | | | | |
| | | | | | |
| | | | | | |
| | | | | | |
| | | | | | |
| | | | | | |
| | | | | | |
| | | | | | |

## 学习情景 2：采集数据的管理

姓名　　　　班级　　　　日期　　　　信息页–1

### 获取信息

❓ 引导问题 1：自主学习设备监控方面的基本知识。

❓ 引导问题 2：自主学习统计分析方面的基本知识。

❓ 引导问题 3：自主学习 DNC（数控程序传输）方面的基本知识。

❓ 引导问题 4：自主学习设备故障分析方面的基本知识。

❓ 引导问题 5：设备监控都需要监控哪些类别的设备的哪些信息？哪些信息是最关键的数据？

❓ 引导问题 6：数控程序传输主要的作用是什么？你能想到有什么方法能够将数控程序传输到机床的数控系统中？在传输过程中，我们要注意哪些问题？

❓ 引导问题 7：设备故障分析对我们进行设备管理有何指导作用？

学习情景 2：采集数据的管理

| 姓名 | 班级 | 日期 | 计划页-1 |

### 工作计划

按照任务书要求和获取的信息，结合实训平台，进行数据采集过程的执行与记录工作，并填写表 8-2-2。

表 8-2-2　工作计划表

| 序号 | 数据采集应用系统 | 作用 | 备注 |
| --- | --- | --- | --- |
|  |  |  |  |
|  |  |  |  |
|  |  |  |  |
|  |  |  |  |
|  |  |  |  |
|  |  |  |  |
|  |  |  |  |
|  |  |  |  |

## 学习情景 2：采集数据的管理

| 姓名 | 班级 | 日期 | 实施页–1 |

### 一、设备监控

智能制造数据采集系统软件（MDC）对设备运行数据进行监控，具体包含制程工艺参数、水电气能耗数据、温湿度数据、摄像头监控，根据采集的数据生成运行图表，展示至大屏对设备运行情况进行实时监控，并配置报警信息，出现异常时及时报警。

1. 设备列表

设备列表页面支持查看各车间设备图片与对应设备名称、设备编号、设备型号、设备状态。页面支持按班组过滤，支持按编号进行检索。如图 8-2-1 所示。

图 8-2-1　设备列表

2. 电子地图

电子地图页面支持根据车间三维平面图查看各车间的所有设备实时运行状态。如图 8-2-2 所示。

3. 实时参数

实时参数页面支持查看设备实时状态、实时参数数值。实时参数的类别根据设备自身所开放的接口所决定。如图 8-2-3 所示。

### 二、统计分析

1. 历史记录

历史记录页面支持查看设备各种不同状态的变化时间点，包括开始时间、结束时间与总时长。支持根据开始时间、结束时间、设备、状态类型进行过滤查询。如图 8-2-4 所示。

## 学习情景 2：采集数据的管理

| 姓名 | 班级 | 日期 | 实施页-2 |

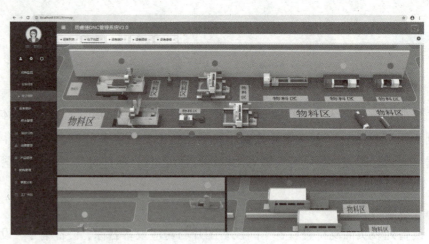

图 8-2-2　设备平面图

图 8-2-3　实时参数

图 8-2-4　历史记录

学习情景 2：采集数据的管理

姓名　　　　　　班级　　　　　　日期　　　　　　实施页–3

## 2. 历史统计

历史统计页面支持查看设备各种不同状态的累计时长，包括运行时间、待机时间、关机时间、报警时间、停水时间、停电时间、停气时间、其他意外时间、计划内停机时间及节假日时间。支持查看设备的计划利用率、设备稼动率、报警故障率、产能利用率、计划停机率。支持根据开始时间、结束时间、设备进行过滤查询。如图 8-2-5 所示。

图 8-2-5　历史统计

## 3. 每日分析

每日分析页面支持按每天为单位查看设备的设备稼动率、报警故障率、产能利用率。支持根据开始时间、结束时间、设备进行过滤查询。如图 8-2-6 所示。

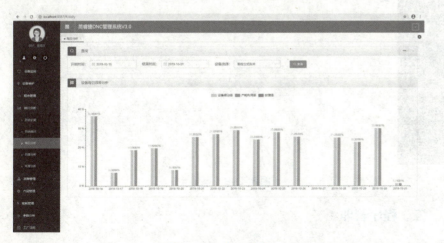

图 8-2-6　每日分析

## 4. 月度分析

月度分析页面支持按月度为单位查看设备的设备稼动率、产能利用率。支持根据开始时间、结束时间、设备进行过滤查询。如图 8-2-7 所示。

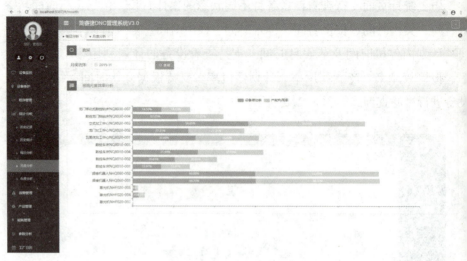

图 8-2-7　月度分析

5. 年度分析

年度分析页面支持按年度为时间范围查看设备的设备稼动率、产能利用率、设备故障率。支持根据时间、设备进行过滤查询。如图 8-2-8 所示。

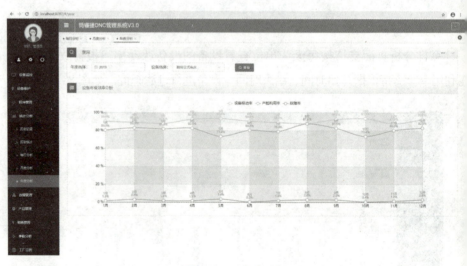

图 8-2-8　年度分析

### 三、程序管理

1. 程序下发

程序下发页面支持从文档发放系统调取程序文件，支持页面在线编辑程序，支持向单台或多台机床设备同时下发程序。如图 8-2-9，图 8-2-10 所示。

学习情景 2：采集数据的管理

姓名　　　　班级　　　　日期　　　　实施页–5

图 8-2-9　代码下发

图 8-2-10　选择设备代码下发

2. 程序上传

程序上传页面支持从设备调取程序文件，支持页面在线编辑程序，支持复制页面在线编辑的程序，支持将在线编辑的程序以 TXT 格式进行本地保存。如图 8-2-11 所示。

3. 程序比较

程序上传页面支持在线比较两个程序文件，并以颜色进行标注比较结果不一致的一行。支持从设备或文档发放系统调取程序文件在线显示。如图 8-2-12 所示。

四、故障管理

1. 故障历史

故障历史页面支持查看设备在某个时间段内所发生故障的故障编号、开始时间、结束时间、持续时长等故障信息。支持根据设备编号、时间段进行过滤查询。如图 8-2-13 所示。

图 8-2-11　程序上传

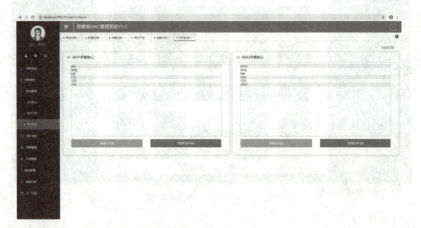

图 8-2-12　程序比较

图 8-2-13　故障历史

## 学习情景 2：采集数据的管理

### 2. 故障统计

故障统计页面支持查看设备在某个时间段内所发生的各种故障类型在所有故障中所占百分比。支持根据设备编号、时间段进行过滤查询。如图 8-2-14 所示。

图 8-2-14 故障统计

## 学习情景2：采集数据的管理

| 姓名 | 班级 | 日期 | 检查页-1 |

### 检查验收

根据各小组数据采集应用任务完成情况，按照验收标准进行检查验收和评价，包括设备监控、统计分析、数控程序传输、故障分析等，将验收问题、整改措施及完成时间进行记录。验收标准及评分表见表8-2-3，验收过程问题记录表见表8-2-4。

表8-2-3  验收标准及评分表

| 序号 | 验收项目 | 验收标准 | 分值 | 教师评分 | 备注 |
| --- | --- | --- | --- | --- | --- |
| 1 | 设备监控 | 可以监控到设备数据 | | | |
| 2 | 统计分析 | 可以正确查询数据并展示 | | | |
| 3 | 数控程序传输 | 可以正常上传下载数控程序 | | | |
| 4 | 故障分析 | 可以查询故障报表 | | | |
| 5 | | | | | |
| | 合计 | | 100 | | |

表8-2-4  验收过程问题记录表

| 序号 | 验收问题记录 | 整改措施 | 完成时间 | 备注 |
| --- | --- | --- | --- | --- |
| | | | | |
| | | | | |
| | | | | |
| | | | | |

## 学习情景 2：采集数据的管理

姓名　　　　　班级　　　　　日期　　　　　评价页-1

### 评价反馈

各组展示各项任务应用效果，介绍任务的完成过程并提交阐述材料，进行学生自评、学生组内互评、教师评价，完成考核评价表。考核评价表见表8-2-5。

❓ **引导问题 8**：在本次完成任务的过程中，给你印象最深的是哪件事？自己的职业能力有哪些明显提高？

_____

_____

❓ **引导问题 9**：你对 MES 数据采集应用了解了多少？还想继续学习关于 MES 的哪些内容？

_____

_____

表 8-2-5　考核评价表

| 评价项目 | 评价内容 | 分值 | 自评 20% | 互评 20% | 师评 60% | 合计 |
|---|---|---|---|---|---|---|
| 职业素养 40分 | 爱岗敬业，安全意识、责任意识、服从意识 | 10 | | | | |
| | 积极参加任务活动，按时完成工作页 | 10 | | | | |
| | 团队合作、交流沟通能力，集体主义精神 | 10 | | | | |
| | 劳动纪律，职业道德 | 5 | | | | |
| | 现场6s标准，行为规范 | 5 | | | | |
| 专业能力 60分 | 专业资料检索能力，中外品牌分析能力 | 10 | | | | |
| | 制订计划能力，严谨认真 | 10 | | | | |
| | 操作符合规范，精益求精 | 15 | | | | |
| | 工作效率，分工协作 | 10 | | | | |
| | 任务验收质量，质量意识 | 15 | | | | |
| | 合计 | 100 | | | | |
| 创新能力 加分 20 | 创新性思维和行动 | 20 | | | | |
| | 总计 | 120 | | | | |

教师签名：　　　　　　学生签名：

## 学习情景 2：采集数据的管理

| 姓名 | 班级 | 日期 | 知识页 -1 |

### 拓展知识

MDC（Manufacturing Data Collection & Status Management）是一套实时采集、并报表化和图表化车间的详细制造数据和过程的软硬件解决方案。

MDC 通过多种灵活的方法获取生产现场的实时数据（包括设备、人员和生产任务等），将其存储在 Access，SQL 和 Oracle 等数据库，并以精益制造（Lean Manufacturing）管理理念为基础，结合系统自带的专用计算、分析和统计方法，以多种报告和图表直观地反映当前或过去某段时间的生产状况，帮助企业生产部门通过反馈信息做出科学、有效的决策。

MDC 通过与数控系统、PLC 系统以及机床电控部分的集成，实现对机床数据采集部分的自动化执行，不需要操作人员的手动操作，这样既保证了数据的实时性，也减少了人工操作产生的失误，保证数据的真实性和准确性。

### 一、设备监控

设备监控是指通过可视化的方式，监控采集设备的运行状态与数据，是数据采集系统最基础也是最根本的功能。通过采集设备的运行状态及详细运行信息，可分析设备的运行效率、工作状态，结合订单可一并分析订单派发的合理性，优化订单派发规则。如图 8-2-15 所示。

设备状态展示具有列表、3D 电子地图等多种展现方式。列表方式较为简单直接，可直接查看设备的运行状态，3D 电子地图的方式则是通过设备在车间的布局，动态查看设备的运行数据。如图 8-2-16 所示。

图 8-2-15 监控列表

学习情景 2：采集数据的管理

| 姓名 | 班级 | 日期 | 知识页-2 |

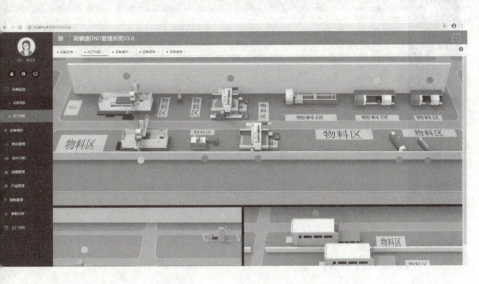

图 8-2-16　3D 电子地图

## 二、代码管理

代码上传可将 NC 代码上传至 MDC 系统代码库中进行统一管理，管理界面如图 8-2-17 所示，代码库中的代码可进行浏览、修改以及代码比较，并可直接选择代码库的代码下发至机床控制器如图 8-2-18 所示。

通过 MDC 系统中的代码管理系统，可对 NC 代码进行统一管理，并可在线替换机床代码，减轻工艺人员的管理压力。

图 8-2-17　数控程序代码管理界面

学习情景 2：采集数据的管理

| 姓名 | 班级 | 日期 | 知识页–3 |

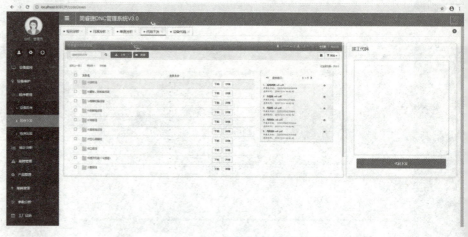

图 8-2-18　数控程序代码下发界面

### 三、设备运行效率

设备运行效率采集分析是数据采集系统的另一主要功能，通过采集分析设备的开机时间和运行加工时间，即可分析出设备的运行效率；通过采集分析设备的开机时间和生产数量，即可分析出设备的生产效率；通过采集分析设备的故障时间和频率，即可分析出设备的故障率。通过多种采集分析方式，即可以年、月、周、日等任意时间为单位，综合分析设备的历史运行数据。如图 8-2-19 所示。

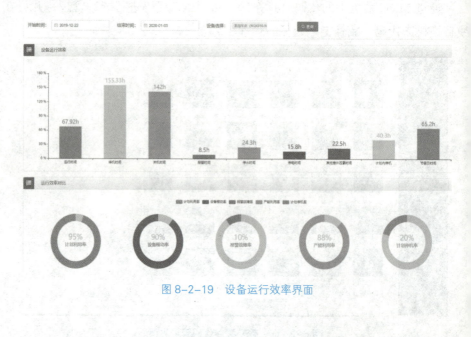

图 8-2-19　设备运行效率界面